Jesús G. Castillo

Python

Simplificado.

Reinventors Republic

Introducción.

¡Bienvenido al libro "Python Simplificado"!

En este libro, nos embarcaremos en un emocionante viaje hacia el aprendizaje de Python de una manera simplificada y práctica. Nuestro enfoque se centra en proporcionarte una enseñanza ágil y efectiva, donde el aprendizaje se basa en la práctica constante a través de una amplia variedad de ejercicios.

Python es un lenguaje de programación versátil y poderoso que ha ganado una gran popularidad en los últimos años debido a su sintaxis clara y legible, así como a su amplia gama de aplicaciones en áreas como desarrollo web, ciencia de datos, inteligencia artificial y más. Sin embargo, aprender un nuevo lenguaje de programación puede parecer desafiante al principio, especialmente si es tu primera incursión en el mundo de la programación.

Es por eso que hemos diseñado este libro con el objetivo de simplificar el proceso de aprendizaje de Python. En lugar de abrumarte con teoría y conceptos complicados, nos centraremos en proporcionarte ejercicios prácticos que te permitirán aprender haciendo. Desde los conceptos básicos hasta las técnicas más avanzadas, cada capítulo está cuidadosamente diseñado para brindarte una comprensión sólida de Python a medida que avanzas a través de los ejercicios.

A lo largo de este libro, encontrarás una variedad de ejercicios diseñados para desafiarte y ayudarte a consolidar tus conocimientos. Desde escribir programas simples hasta resolver problemas más complejos, cada ejercicio está diseñado para que practiques y apliques lo que has aprendido de manera efectiva.

Ya sea que estés completamente nuevo en la programación o estés buscando mejorar tus habilidades en Python, este libro te proporcionará las herramientas y el conocimiento necesarios para dominar este poderoso lenguaje de programación. Prepárate para sumergirte en el mundo de Python y comenzar tu viaje hacia el dominio de la programación de una manera simplificada y práctica.

¡Comencemos nuestra aventura en "Python Simplificado" y descubramos juntos el maravilloso mundo de la programación con Python!

Índice

5

7

8

Parte 1: Introducción a Python

Capítulo 1: Introducción a la Programación y Python.

¿Qué es la programación?

La programación es el proceso de diseñar e implementar un conjunto de instrucciones que realizan una tarea o resuelven un problema específico. En términos sencillos, es la creación de software utilizando un lenguaje de programación que una computadora puede entender y ejecutar. Los programas pueden ser tan simples como una calculadora o tan complejos como un sistema operativo.

En su sentido más básico, se refiere al proceso de escribir instrucciones precisas y detalladas que una computadora puede seguir para realizar una tarea específica. Es el lenguaje que permite a los humanos comunicarse con las máquinas y darles órdenes para realizar diversas funciones.

9

Los orígenes de la programación se remontan a mediados del siglo XIX, cuando Ada Lovelace, considerada la primera programadora, escribió un algoritmo para la Máquina Analítica de Charles Babbage. Sin embargo, el desarrollo significativo de la programación como disciplina moderna comenzó en la década de 1940 con la invención de las primeras computadoras electrónicas programables, como la ENIAC.

A lo largo de las décadas siguientes, la programación experimentó un crecimiento exponencial, impulsado por avances en hardware y software. El desarrollo de lenguajes de programación de alto nivel, como Fortran, COBOL, C y posteriormente Python, permitió a los programadores escribir código de manera más eficiente y legible, lo que democratizó el acceso a la programación y amplió su alcance a diversas áreas de la sociedad.

Hoy en día, la programación es una habilidad fundamental en la era digital. Tiene un impacto significativo en casi todos los aspectos de la sociedad moderna, desde la educación y la medicina hasta la industria y el entretenimiento. Las aplicaciones de la programación son diversas y van desde el desarrollo de software y aplicaciones móviles hasta la creación de sitios web, el análisis de datos, la inteligencia artificial y la automatización de procesos.

El papel de los programadores en la sociedad es cada vez más relevante, ya que son responsables de desarrollar soluciones innovadoras a los desafíos contemporáneos y de impulsar el progreso tecnológico. La programación también ha abierto nuevas oportunidades de empleo y ha generado industrias enteras dedicadas al desarrollo de software y tecnología.

En resumen, la programación es una habilidad esencial en la era digital que ha transformado la forma en que interactuamos con la tecnología y ha revolucionado casi todos los aspectos de la sociedad moderna. Su impacto continúa expandiéndose y moldeando el mundo en el que vivimos, estableciendo un puente entre la imaginación humana y el potencial ilimitado de la tecnología digital.

Que es Python ?

Python es un lenguaje de programación de alto nivel, interpretado, interactivo y orientado a objetos que ha ganado una enorme popularidad en las últimas décadas. Creado por Guido van Rossum y lanzado por primera vez en 1991, Python se ha convertido en uno de los lenguajes de programación más utilizados en el mundo, gracias a su sintaxis clara y legible, su versatilidad y su amplia gama de aplicaciones.

Una de las características distintivas de Python es su filosofía de diseño centrada en la legibilidad del código, que se expresa en el llamado "Zen de Python", un conjunto de principios que guían el desarrollo del lenguaje. Esto hace que Python sea especialmente adecuado para principiantes y facilita la colaboración en proyectos de programación.

Python es conocido por su amplia gama de bibliotecas y frameworks, que abarcan desde el desarrollo web y la ciencia de datos hasta la inteligencia artificial y el aprendizaje automático. Entre las bibliotecas más populares se encuentran NumPy y Pandas para análisis de datos, Django y Flask para desarrollo web, TensorFlow y PyTorch para aprendizaje automático, y muchas otras.

Además de su versatilidad y potencia, Python también se destaca por su comunidad activa y su ecosistema vibrante. La comunidad de Python es conocida por ser acogedora, inclusiva y colaborativa, y ofrece una amplia gama de recursos, como documentación detallada, tutoriales, foros de discusión y conferencias.

Python ha tenido un impacto significativo en la sociedad y ha sido adoptado por empresas, instituciones académicas, organizaciones sin fines de lucro y gobiernos de todo el mundo. Se utiliza en una amplia variedad de aplicaciones, desde el desarrollo de software y aplicaciones móviles hasta la investigación científica y el análisis de datos.

En resumen, Python es un lenguaje de programación poderoso, versátil y fácil de aprender que ha ganado una gran popularidad en la comunidad de desarrollo de software. Con su sintaxis clara y legible, su amplia gama de aplicaciones y su comunidad activa, Python continúa siendo una opción preferida para programadores de todos los niveles de experiencia.

Python es un lenguaje de programación de alto nivel, interpretado, multiparadigma y de propósito general. Aquí hay una definición más detallada de algunas de las características clave de Python:

Alto Nivel:
• Python es un lenguaje de alto nivel, lo que significa que se centra en la abstracción y la simplicidad, permitiendo a los programadores expresar conceptos en menos líneas de código que en lenguajes de nivel más bajo.
Interpretado:
• Python es un lenguaje interpretado, lo que significa que el código fuente se ejecuta directamente por un intérprete en lugar de ser compilado antes de la ejecución. Esto facilita la escritura y prueba rápida del código.
Multiparadigma:
• Python es un lenguaje multiparadigma, lo que significa que admite diferentes estilos de programación, incluyendo programación imperativa, orientada a objetos y funcional. Esto brinda flexibilidad a los programadores para elegir el enfoque que mejor se adapte a sus necesidades.
De Propósito General:
• Python es un lenguaje de propósito general, lo que significa que puede ser utilizado para una amplia variedad de aplicaciones y dominios, desde desarrollo web y ciencia de datos hasta automatización de tareas y scripting.
Legibilidad y Sencillez:
• Una de las características más destacadas de Python es su sintaxis legible y limpia. La filosofía de diseño de Python se enfoca en la legibilidad del código, lo que facilita la comprensión y colaboración entre los desarrolladores.
Amplia Biblioteca Estándar:

- Python incluye una extensa biblioteca estándar que proporciona módulos y paquetes para realizar diversas tareas. Esto permite a los desarrolladores utilizar funcionalidades preexistentes sin tener que escribir todo desde cero.

Comunidad Activa:
- Python cuenta con una comunidad activa y comprometida de desarrolladores. Hay numerosos recursos en línea, foros y documentación que facilitan el aprendizaje y la resolución de problemas.

Portabilidad:
- Python es un lenguaje portátil, lo que significa que los programas escritos en Python pueden ejecutarse en diferentes plataformas sin la necesidad de modificaciones significativas.

Uso en Diversos Campos:
- Python se utiliza ampliamente en diferentes áreas, incluyendo desarrollo web, ciencia de datos, inteligencia artificial, automatización, scripting, desarrollo de juegos, y más.

En resumen, Python es un lenguaje versátil y amigable que ha ganado popularidad debido a su sintaxis clara, su enfoque en la legibilidad y su capacidad para adaptarse a una variedad de contextos de programación.

Aplicaciones de Python:

Python se utiliza en una amplia variedad de aplicaciones y sectores debido a su versatilidad y facilidad de uso. Aquí tienes una lista de algunas de las aplicaciones más comunes y áreas en las que Python es ampliamente utilizado:

Desarrollo Web:
- Frameworks como Django y Flask permiten la creación rápida de aplicaciones web.
- Plataformas de desarrollo web como Pyramid y FastAPI.

Ciencia de Datos y Análisis:
- Bibliotecas como NumPy, Pandas, y Matplotlib son esenciales para el análisis y visualización de datos.
- Herramientas de aprendizaje automático como Scikit-learn y TensorFlow.

Automatización y Scripting:
- Python es utilizado para automatizar tareas repetitivas y escribir scripts para diversas aplicaciones.

Desarrollo de Juegos:
- Pygame es una biblioteca popular para el desarrollo de juegos en Python.
- Se utiliza en la creación de juegos tanto para principiantes como para proyectos más complejos.

Inteligencia Artificial (IA):
- Python es ampliamente utilizado en proyectos de IA y aprendizaje profundo.

- Bibliotecas como TensorFlow, PyTorch y Keras son fundamentales en este ámbito.

Automatización de Redes:
- Frameworks como Ansible utilizan Python para automatizar tareas de administración de sistemas y redes.

Desarrollo de Aplicaciones de Escritorio:
- Tkinter y PyQt son utilizados para desarrollar aplicaciones de escritorio con interfaz gráfica de usuario (GUI).

Diseño Gráfico y Multimedia:
- Herramientas como Blender, una aplicación de modelado 3D, utilizan Python para scripting.
- Manipulación de imágenes y procesamiento de audio con bibliotecas como Pillow y librosa.

Desarrollo de Aplicaciones Móviles:
- Kivy y BeeWare permiten el desarrollo de aplicaciones móviles en Python.

Automatización de Pruebas:
- Python se utiliza para escribir scripts de prueba y automatizar pruebas unitarias e integración.

Sistemas Embebidos:
- Python se utiliza en el desarrollo de sistemas embebidos y en el control de hardware.

Desarrollo de Aplicaciones Empresariales:
- Frameworks como Pyramid y Flask son utilizados para el desarrollo de aplicaciones empresariales.

Aplicaciones Científicas y de Investigación:
- Python es utilizado en entornos científicos y de investigación para simulaciones y análisis de datos.

Procesamiento de Lenguaje Natural (PLN):
- Bibliotecas como NLTK y spaCy se utilizan en proyectos de procesamiento de lenguaje natural.

Robótica:

- Python se utiliza en el desarrollo de software para controlar robots y sistemas robóticos.

Esta lista es solo un vistazo a las diversas aplicaciones de Python, y su versatilidad hace que sea una elección popular en muchos campos. La comunidad activa y el amplio ecosistema de bibliotecas contribuyen al éxito continuo de Python en diversas áreas.

Características del Lenguaje Python:

Python es un lenguaje de programación de alto nivel, interpretado, multiparadigma y de propósito general. Aquí hay una definición más detallada de algunas de las características clave de Python:

Filosofía de Python (The Zen of Python):
- Python tiene una filosofía que está resumida en el "Zen de Python", una colección de principios que guían el diseño del lenguaje. Puedes verlos ejecutando `import this` en un intérprete de Python.
Gestión de Paquetes:
- Python cuenta con herramientas como `pip`, que facilita la instalación y gestión de paquetes. Los paquetes son módulos o bibliotecas adicionales que puedes usar para extender la funcionalidad de Python.

17

Frameworks Populares:
- Python es ampliamente utilizado en el desarrollo web gracias a frameworks populares como Django y Flask. Django es un framework completo para construir aplicaciones web, mientras que Flask es un framework más ligero y flexible.

Ciencia de Datos y Machine Learning:
- Python es una opción popular en el ámbito de la ciencia de datos y machine learning. Bibliotecas como NumPy, pandas, y scikit-learn son fundamentales en este campo.

Comunidad Activa:
- Python tiene una comunidad activa y amigable. Hay numerosos recursos en línea, foros, y eventos donde los desarrolladores pueden compartir conocimientos y colaborar.

Desarrollo Ágil y Prototipado:
- Python es conocido por su enfoque en el desarrollo ágil y el prototipado rápido. Es fácil y rápido escribir código en Python, lo que lo convierte en una excelente opción para proyectos donde la velocidad de desarrollo es crucial.

Soporte Multiplataforma:
- Python es compatible con múltiples plataformas, lo que significa que puedes escribir código en una plataforma y ejecutarlo en otra sin muchos cambios.

Seguridad y Manejo de Memoria:
- Python maneja automáticamente la gestión de memoria y tiene características que ayudan a prevenir vulnerabilidades comunes como desbordamientos de búfer.

Documentación:
- La documentación oficial de Python es completa y fácil de seguir. La documentación en línea es una

excelente referencia para aprender sobre el lenguaje y sus bibliotecas.

Ventajas del lenguaje de Programación Python.

Python es un lenguaje de programación versátil y fácil de aprender. Algunas de sus principales ventajas incluyen:

Legibilidad del Código:

Python se destaca por su sintaxis clara y legible, lo que facilita la comprensión del código.

Versatilidad:

Puede utilizarse para una amplia gama de aplicaciones, desde desarrollo web hasta inteligencia artificial y ciencia de datos.

Gran Comunidad y Soporte:

Python tiene una comunidad activa y una amplia gama de bibliotecas y frameworks, con abundante documentación y soporte en línea.

Productividad:

La sintaxis concisa y la facilidad de uso de Python permiten a los programadores ser más productivos y desarrollar rápidamente aplicaciones.

Interpretado e Interpretación Dinámica:

Python es un lenguaje interpretado, lo que significa que no es necesario compilar el código antes de ejecutarlo. Además, es dinámicamente tipado, lo que facilita la flexibilidad en el desarrollo.

Multiplataforma:

Python es compatible con diversos sistemas operativos, incluyendo Windows, macOS y Linux.

Configuración del Entorno de Desarrollo

Antes de comenzar a programar en Python, es esencial configurar un entorno de desarrollo adecuado. Aquí hay algunos pasos básicos:

Desventajas de Python frente a otros lenguajes.

Si bien Python es un lenguaje de programación poderoso y versátil, como cualquier tecnología, tiene algunas limitaciones y desventajas. Aquí hay algunas de las desventajas comúnmente citadas de Python en comparación con otros lenguajes:

Rendimiento Relativo:

• En comparación con lenguajes de bajo nivel como C o C++, Python puede ser más lento en términos de rendimiento. Esto se debe a su naturaleza interpretada y la gestión automática de memoria.

Gestión de Memoria:

• Aunque la gestión automática de memoria en Python es conveniente, puede resultar en cierta sobrecarga y no es tan eficiente como la gestión de memoria manual en lenguajes de bajo nivel.

GIL (Global Interpreter Lock):

• El GIL es un mecanismo en el intérprete de Python que evita que múltiples hilos ejecuten código de manera simultánea. Esto puede limitar el rendimiento en escenarios de concurrencia y paralelismo.

No es Ideal para Aplicaciones Móviles:

• Mientras que existen soluciones para desarrollar aplicaciones móviles en Python (como Kivy o BeeWare), no es tan dominante como lenguajes específicos para plataformas móviles como Swift para iOS o Kotlin para Android.

No es el Mejor para Aplicaciones de Tiempo Real:

• Python puede no ser la mejor elección para aplicaciones de tiempo real, como sistemas de control de vuelo o sistemas embebidos de baja latencia, debido a su recolección de basura y su naturaleza interpretada.

Tamaño del Ecosistema de Librerías:

• Aunque Python tiene un ecosistema de bibliotecas amplio y activo, algunos lenguajes pueden tener bibliotecas específicas para ciertos dominios que aún no están bien representadas en Python.

Capacidad de Desarrollo Móvil Limitada:

- Aunque existen marcos y herramientas para desarrollo móvil en Python, como Kivy y BeeWare, la capacidad y adopción en comparación con lenguajes nativos para móviles puede ser limitada.

Interfaz Gráfica de Usuario (GUI):
- Las aplicaciones de interfaz gráfica de usuario (GUI) en Python a veces pueden experimentar desafíos en términos de apariencia y rendimiento en comparación con tecnologías más orientadas a GUI, como JavaFX o WPF.

No es Predominante en Desarrollo de Videojuegos:
- Aunque se pueden desarrollar videojuegos en Python con bibliotecas como Pygame, otros lenguajes como C++ son más comunes en la industria de los videojuegos debido a su rendimiento más rápido.

A pesar de estas desventajas, Python sigue siendo uno de los lenguajes de programación más populares y utilizados en el mundo. La elección de un lenguaje depende en gran medida de los requisitos específicos del proyecto, la preferencia del desarrollador y el dominio de aplicación. En muchos casos, las desventajas de Python son compensadas por su facilidad de uso, flexibilidad y productividad.

Como Instalar Python en el Ordenador:

Instalar Python en tu ordenador es un proceso sencillo y puedes hacerlo siguiendo estos pasos básicos:

Para Windows:
Descarga Python:

22

- Visita el sitio web oficial de Python. www.python.org.
- Haz clic en "Downloads" y selecciona la versión más reciente de Python para Windows. Puede ser Python 3.x (por ejemplo, Python 3.9.6).
- Desplázate hacia abajo y elige el instalador adecuado para tu sistema, ya sea de 32 bits o 64 bits.

Inicia el Instalador:
- Ejecuta el archivo descargado para iniciar el instalador.

Configuración de la Instalación:

- Asegúrate de marcar la casilla que dice "Add Python 3.x to PATH" (Agregar Python 3.x al PATH) durante la instalación. Esto facilitará la ejecución de Python desde la línea de comandos.

Completa la Instalación:
- Haz clic en "Install Now" (Instalar ahora) y espera a que se complete la instalación.

Verifica la Instalación:
- Abre la línea de comandos (cmd) y escribe `python --version` o `python -V` para verificar que Python se haya instalado correctamente. También puedes ejecutar `python` para abrir el intérprete interactivo.

Para macOS:

Usando Homebrew (opcional pero recomendado):

Si tienes Homebrew instalado, puedes instalar Python fácilmente con el siguiente comando:

```
brew install python
```

Usando el Instalador Oficial:
- Visita el sitio web oficial de Python.
- Haz clic en "Downloads" y selecciona la versión más reciente de Python para macOS. Puede ser Python 3.x (por ejemplo, Python 3.9.6).

Inicia el Instalador:
- Ejecuta el archivo descargado para iniciar el instalador.

Completa la Instalación:
- Asegúrate de marcar la casilla "Add Python 3.x to PATH" (Agregar Python 3.x al PATH) durante la instalación. Esto facilitará la ejecución de Python desde la línea de comandos.

Verifica la Instalación:
- Abre el Terminal y escribe `python3 --version` o `python3 -V` para verificar que Python se haya instalado correctamente. También puedes ejecutar `python3` para abrir el intérprete interactivo.

Para Linux (Ubuntu/Debian):

Verifica Python:
- Muchas distribuciones de Linux ya incluyen Python. Verifica si Python está instalado escribiendo en la terminal:

```
python3 --version
```

- Si no está instalado, puedes instalarlo con:

```
sudo apt-get update
sudo apt-get install python3
```

Instala pip (opcional):

- pip es el gestor de paquetes de Python. Puedes instalarlo con:

```
sudo apt-get install python3-pip
```

Verifica la Instalación:
- Verifica nuevamente escribiendo python3 --version y pip3 --version en la terminal.

Descarga e instala la última versión de Python desde el sitio oficial de Python.

Entorno Virtual (Opcional, pero Recomendado):

- Utiliza un entorno virtual para aislar proyectos y gestionar dependencias. Puedes crear uno con el siguiente comando:

```
python -m venv nombre_del_entorno
```

Editor de Código o IDE:

- Elige un editor de código o un entorno de desarrollo integrado (IDE) para escribir y ejecutar tu

código Python. Algunas opciones populares incluyen
VSCode, PyCharm y Jupyter Notebooks.

Hola Mundo en Python:

Escribe tu primer programa en Python, el clásico "Hola
Mundo", para asegurarte de que todo está configurado
correctamente.

```
print("Hola Mundo")
```

Capítulo 2: Fundamentos de Python

Sintaxis en Python.

La sintaxis se refiere a las reglas y estructuras gramaticales
que deben seguirse al escribir código en un lenguaje de
programación. En otras palabras, la sintaxis define cómo
deben organizarse las instrucciones para que el intérprete o
compilador del lenguaje pueda entender y ejecutar el código
correctamente.

Cada lenguaje de programación tiene su propia sintaxis
única. Los elementos de la sintaxis incluyen palabras clave,
operadores, signos de puntuación, reglas para la declaración

de variables y funciones, estructuras de control de flujo, entre otros.

Sintaxis Básica de Python:

Impresión en Pantalla (print):

La función `print()` se utiliza para imprimir resultados en la consola.

```
print("Hola, Mundo!")
```

`print` es una función en Python que se utiliza para imprimir o mostrar información en la consola o en otro lugar dependiendo del entorno de ejecución. Puede utilizarse para imprimir cadenas de texto, variables, resultados de operaciones, entre otros. La sintaxis básica de la función `print` es la siguiente:

```
print(valor1, valor2, ..., sep=' ', end='\n',
file=sys.stdout, flush=False)
```

- `valor1`, `valor2`, ...: Son los valores que se desean imprimir. Pueden ser cadenas de texto, variables, expresiones, etc.
- `sep`: Es el separador que se coloca entre cada valor. Por defecto, es un espacio (' ').
- `end`: Es el carácter que se coloca al final de la impresión. Por defecto, es un salto de línea ('\n').
- `file`: Es el objeto de archivo donde se imprimirá la salida. Por defecto, es la salida estándar (`sys.stdout`).

- flush: Si es `True`, se fuerza a vaciar el búfer de salida. Por defecto, es `False`.

Ejemplos de uso:

```python
print("Hola, mundo!")

# Imprimir variables
nombre = "Juan"
edad = 25
print("Nombre:", nombre, "Edad:", edad)

# Uso de sep y end
print("Python", "es", "genial", sep='-')
print("Una línea sin salto de línea al final",
end=' ')
print("Otra línea en la misma salida")

# Imprimir en un archivo
with open('archivo.txt', 'w') as f:
 print("Este mensaje se imprime en el
archivo.", file=f)
```

En estos ejemplos, `print` se utiliza para mostrar información en la consola o para escribir en un archivo, dependiendo de cómo se haya configurado el flujo de salida (`sys.stdout` o un archivo específico). La función `print` es esencial para depurar código, mostrar resultados y proporcionar información al usuario durante la ejecución del programa.

Comentarios:

- Los comentarios se crean utilizando el símbolo #.

```
# Esto es un comentario
```

Los comentarios en un programa de Python son texto descriptivo que no se ejecuta como parte del código y sirven para explicar el propósito o la lógica detrás de una sección de código. Los comentarios son esenciales para mejorar la legibilidad y comprensión del código tanto para el programador que lo escribe como para otros que puedan revisarlo en el futuro.

En Python, los comentarios se crean utilizando el símbolo #. Todo lo que sigue después de # en una línea se considera un comentario y no afecta la ejecución del programa. También se pueden agregar comentarios en líneas vacías.

Aquí hay algunos ejemplos de cómo se pueden utilizar los comentarios en Python:

```
print("Hola, mundo!") # Este comentario está
después de una instrucción

# Los comentarios también pueden explicar
bloques de código
# o proporcionar información adicional.


# No olvides actualizar esta variable con el
valor correcto
```

```
valor = 42

# Este es un comentario en una línea vacía

# Puedes también desactivar temporalmente una
línea de código

# print("Esta línea no se ejecutará")

# ¡Los comentarios son una herramienta valiosa
para documentar tu código!
```

Es importante utilizar comentarios de manera judiciosa y mantenerlos actualizados. Los comentarios deben agregar claridad al código, no duplicar información evidente o redundante. Además, un código claro y bien estructurado puede reducir la necesidad de comentarios excesivos.

Indentación:

La indentación en Python se refiere a la forma en que el código está estructurado mediante la colocación de espacios o tabulaciones al principio de las líneas de código. A diferencia de otros lenguajes de programación que utilizan llaves { } para delimitar bloques de código, Python utiliza la indentación para definir la estructura y la jerarquía del código.
En Python, la indentación es fundamental y se utiliza para indicar la pertenencia de una línea de código a un bloque específico, como el cuerpo

de una función, un bucle o una estructura condicional. La indentación es lo que Python utiliza para definir la estructura del código en lugar de utilizar llaves u otros delimitadores. Ejemplo de indentación en una estructura condicional:

```python
if x > 0:
    print("x es positivo")
    resultado = x * 2
    print("El resultado es:", resultado)



else:
    print("x es cero o negativo")
```

En este ejemplo, las líneas de código que están dentro del bloque del `if` y del `else` están indentadas con cuatro espacios. La indentación uniforme es crucial en Python para garantizar que el código sea legible y funcione correctamente. Los espacios en blanco al principio de las líneas son esenciales para definir la estructura del código y para que Python comprenda la organización del programa.

Es importante mantener una consistencia en la indentación dentro de un programa para evitar errores de sintaxis y garantizar que el código sea fácilmente comprensible por otros programadores. La PEP 8, que es la guía de estilo para

Python, recomienda el uso de cuatro espacios para la indentación.

Variables y Tipos de Datos:

Variables:

Una variable en programación es un espacio de almacenamiento con un nombre simbólico (un identificador) que se refiere o hace referencia a un valor. Las variables son fundamentales en la mayoría de los lenguajes de programación y se utilizan para almacenar y manipular datos en un programa.

En esencia, una variable proporciona un medio para etiquetar y referenciar datos en la memoria del programa. Cuando creas una variable, le das un nombre descriptivo y le asignas un valor específico. Este valor puede ser de cualquier tipo de dato, como números, texto, listas, objetos, etc.

Ejemplo en Python:

```
# Crear una variable llamada "edad" y
asignarle el valor 25
edad = 25

# Crear una variable llamada "nombre" y
asignarle el valor "Juan"
nombre = "Juan"
```

```
# Crear una variable llamada "lista_numeros" y
asignarle una lista de números
```

```
lista_numeros = [1, 2, 3, 4, 5]
```

En este ejemplo:

* edad, nombre, y lista_numeros son variables.
* 25, "Juan", y [1, 2, 3, 4, 5] son los valores
asignados a esas variables.

Las variables permiten a los programadores manipular y
trabajar con datos de manera dinámica en sus programas.
Pueden ser utilizadas en expresiones y operaciones, y su
contenido puede cambiar a lo largo del tiempo. Además,
proporcionan un medio para hacer que el código sea más
legible y mantenible, ya que los nombres de las variables
pueden reflejar el propósito o contenido de los datos que
representan.

Las variables se utilizan para almacenar información. No es
necesario   declarar el tipo de variable; Python infiere el tipo
automáticamente.

```
nombre = "Juan"
edad = 25
altura = 1.75
```

Tipos de Datos Fundamentales:

33

- Python tiene varios tipos de datos fundamentales, incluyendo:
- `int` (entero)
- `float` (punto flotante)
- `str` (cadena)
- `bool` (booleano)

```
numero_entero = 42
numero_decimal = 3.14
cadena_texto = "Hola"
booleano = True
```
Número Entero:

Un número entero es un tipo de dato numérico que representa un valor entero, es decir, un número sin parte fraccionaria o decimal. Los números enteros pueden ser positivos, negativos o el cero. Algunos ejemplos de números enteros son:

- 5 (entero positivo)
- -3 (entero negativo)
- 0 (cero)

En el contexto de la programación, los números enteros suelen representarse utilizando el tipo de dato "int" (abreviatura de "integer" en inglés). En Python, por ejemplo, puedes trabajar con números enteros de la siguiente manera:

```
entero_positivo = 10
```

```
entero_negativo = -5

cero = 0

# Operaciones con enteros

suma = entero_positivo + entero_negativo

resta = entero_positivo - cero

multiplicacion = entero_negativo * 2

division_entera = entero_positivo // 3 # La
división entera devuelve el cociente sin parte
decimal

print(suma, resta, multiplicacion,
division_entera)
```

En este ejemplo, `entero_positivo`, `entero_negativo` y `cero` son variables que almacenan números enteros, y se realizan algunas operaciones básicas con estos números.

Número Decimal:

Un número decimal es un tipo de número que incluye una parte fraccionaria representada por cifras decimales, separadas por un punto o coma decimal. Este tipo de número puede ser tanto positivo como negativo. Los números decimales son una extensión de los números enteros y permiten representar fracciones y valores más precisos que los enteros.

Ejemplos de números decimales incluyen:

- 3.14 (pi, una constante matemática)
- -0.5 (un número decimal negativo)
- 2.0 (un número decimal que también es un número entero)

En programación, los números decimales a menudo se representan utilizando el tipo de dato "float" (abreviatura de "floating-point" en inglés), que es una aproximación de punto flotante. En Python, por ejemplo:

```
numero_decimal_positivo = 3.14

numero_decimal_negativo = -0.5

numero_decimal_entre_integers = 2.0

# Operaciones con números decimales

suma = numero_decimal_positivo +
numero_decimal_negativo

producto = numero_decimal_entre_integers *
2.5

division = numero_decimal_positivo / 2
```

```
print(suma, producto, division)
```

Es importante tener en cuenta que, debido a la naturaleza de la representación en punto flotante, algunas operaciones con números decimales pueden no ser exactas y pueden tener resultados aproximados. Esto se debe a limitaciones en la precisión numérica de la computadora.

Cadena (String).

En programación, un "string" (cadena de caracteres) es un tipo de dato que representa una secuencia de caracteres. Un caracter es cualquier símbolo individual, como una letra, número, espacio en blanco o un símbolo especial. Las cadenas en la mayoría de los lenguajes de programación se pueden definir encerrando el texto entre comillas simples (') o dobles (").

Ejemplos de strings:

```
cadena_simple = 'Hola, mundo!'

cadena_doble = "Python es genial"

mezcla_de_cadenas = '123' + "456" # Esto crea
la cadena '123456'
```

Las cadenas pueden contener cualquier combinación de letras, números y símbolos, y se utilizan para representar texto en programas. En Python, las cadenas son inmutables, lo que significa que no se pueden modificar directamente una vez que se han creado. Sin embargo, puedes realizar diversas operaciones y manipulaciones de cadenas, como concatenarlas, dividirlas, encontrar subcadenas, etc.

Ejemplos de operaciones con cadenas en Python:

```
cadena1 = "Hola"

cadena2 = "mundo"

saludo = cadena1 + " " + cadena2 #
Concatenación

print(saludo) # Resultado: "Hola mundo"

longitud = len(saludo) # Obtener la longitud
de la cadena

print(longitud) # Resultado: 11

letra = saludo[0] # Acceder a un carácter por
índice (índice 0 es la primera letra)

print(letra) # Resultado: "H"

subcadena = saludo[0:4] # Obtener una
subcadena (índice 0 a 3)
```

```
print(subcadena)  # Resultado: "Hola"
```

En resumen, un string es una secuencia de caracteres y es un tipo de dato fundamental en la programación para representar y manipular texto.

Booleano.

Un número booleano, comúnmente conocido como "booleano", es un tipo de dato que puede tener uno de dos valores: `True` o `False`. Estos valores representan los conceptos de verdad y falsedad en lógica booleana. En muchos lenguajes de programación, incluido Python, el tipo de dato booleano se denota con los valores literales `True` y `False`.

En Python, los booleanos se utilizan comúnmente para controlar el flujo de ejecución en estructuras condicionales (por ejemplo, en instrucciones `if`, `while`, etc.) y para evaluar expresiones lógicas. Algunos ejemplos de operaciones que pueden dar como resultado booleanos son las comparaciones y las operaciones lógicas.

Ejemplos de operaciones que producen booleanos:

```
# Comparaciones

resultado_comparacion = 5 > 3 # True, ya que 5
es mayor que 3

print(resultado_comparacion)
```

```
# Operaciones lógicas

and_logico = True and False # False, ya que
ambas condiciones deben ser True para que el
resultado sea True

or_logico = True or False # True, ya que una
de las condiciones es True

not_logico = not True # False, ya que not
invierte el valor
```

En el contexto de programación, los booleanos son esenciales para la toma de decisiones y la creación de estructuras de control de flujo. Se utilizan para evaluar condiciones y determinar qué parte del código se ejecutará o cómo se comportará el programa en una situación dada.

Conversiones de Tipo:

• Puedes convertir entre tipos de datos utilizando funciones como `int()`, `float()`, `str()`, etc.

```
numero_entero = int("42")
numero_decimal = float("3.14")
```

Las conversiones de tipo, también conocidas como "castings", se refieren a cambiar el tipo de datos de una variable a otro tipo. En Python, puedes realizar conversiones de tipo utilizando funciones incorporadas o expresiones que cambian el tipo de un valor a otro.

Aquí hay algunas conversiones de tipo comunes en Python:

De Entero a Decimal:

```
entero = 5
decimal = float(entero)
print(decimal) # Resultado: 5.0
```

De Decimal a Entero (truncamiento):

```
decimal = 3.99
entero_truncado = int(decimal)
print(entero_truncado) # Resultado: 3
```

De Entero a Cadena:

```
entero = 42
cadena = str(entero)
print(cadena) # Resultado: "42"
```

De Cadena a Entero:

```
cadena = "123"
entero = int(cadena)
print(entero) # Resultado: 123
```

De Decimal a Cadena:

```
decimal = 3.14
cadena = str(decimal)
print(cadena) # Resultado: "3.14"
```

De Cadena a Decimal:

```
cadena = "7.5"
decimal = float(cadena)
print(decimal) # Resultado: 7.5
```

De Entero a Booleano:

```
entero = 0

booleano = bool(entero)

print(booleano) # Resultado: False
```

De Cadena a Booleano:

```
cadena = "True"

booleano = bool(cadena)

print(booleano) # Resultado: True
```

Estas son solo algunas de las conversiones de tipo más comunes. Es importante tener en cuenta que algunas conversiones pueden perder información (por ejemplo, convertir un decimal a entero truncará la parte decimal). Además, no todas las conversiones son válidas en todos los casos, y es posible que algunas generen errores si el tipo de datos no es compatible.

Operadores:

En programación, los "operadores" son símbolos o palabras reservadas que realizan operaciones sobre uno o más operandos. Los operandos son valores o variables sobre los cuales se aplica el operador. Los operadores permiten realizar diversas acciones, como realizar cálculos matemáticos, comparar valores, asignar valores a variables y más.

Aquí hay algunos tipos comunes de operadores en
programación:

Operadores Aritméticos:

Los operadores aritméticos son símbolos o signos
matemáticos que se utilizan para realizar operaciones
básicas en aritmética. Estas operaciones básicas incluyen
la suma, la resta, la multiplicación, la división y el cálculo
de potencias. Aquí hay una breve descripción de cada
operador aritmético:

Realizan operaciones matemáticas básicas.

- +: **Suma**
- −: **Resta**
- *: **Multiplicación**
- /: **División**
- %: **Módulo (resto de la división)**
- //: **División entera**
- **: **Potencia**

Ejemplo:

```
a = 5
b = 2


suma = a + b # 7
resta = a - b # 3
multiplicacion = a * b # 10
division = a / b # 2.5
```

```
modulo = a % b # 1
division_entera = a // b # 2
potencia = a ** b # 25
```

Ejemplo:

```
suma = 5 + 3
resta = 7 - 2
multiplicacion = 4 * 6
division = 8 / 2
modulo = 15 % 4
```

Operadores de Comparación:

Los operadores de comparación, también conocidos como operadores relacionales, son símbolos que se utilizan para comparar dos valores o expresiones en un programa. Estos operadores devuelven un valor booleano (True o False) que indica si la comparación es verdadera o falsa. Aquí tienes una lista de los operadores de comparación más comunes:

Comparan valores y devuelven un resultado booleano (True o False).

- ==: **Igual a**
- !=: **No igual a**
- <: **Menor que**
- >: **Mayor que**
- <=: **Menor o igual a**

- >=: **Mayor o igual a**

Ejemplo:

```
x = 5
y = 10


igual = x == y # False
no_igual = x != y # True
menor_que = x < y # True
mayor_que = x > y # False
menor_igual = x <= y # True
    mayor_igual = x >= y # False
```

Ejemplo:

```
es_igual = (5 == 5)
no_es_igual = (5 != 8)
mayor_que = (7 > 3)
```

Operadores Lógicos:

Los operadores lógicos son herramientas fundamentales en la programación que se utilizan para combinar y manipular valores booleanos. Estos operadores permiten realizar operaciones lógicas sobre uno o más valores booleanos y devolver un resultado basado en esas operaciones. Aquí están los operadores lógicos más comunes:

Realizan operaciones lógicas entre expresiones booleanas.

- and: **Operador lógico "y"**
- or: **Operador lógico "o"**
- not: **Operador lógico "no"**

Ejemplo:

```
p = True
q = False


resultado_and = p and q # False
resultado_or = p or q # True
resultado_not = not p # False
```

Ejemplo:

```
es_mayor = (10 > 5) and (8 >= 3)
es_igual = (5 == 5) or (2 != 7)
no_es_cierto = not (3 < 1)
```

Estos operadores se utilizan comúnmente en expresiones booleanas para combinar condiciones y tomar decisiones

en un programa. Por ejemplo, en una declaración `if`, puedes usar operadores lógicos para evaluar múltiples condiciones simultáneamente. Además, se pueden usar en bucles y otras estructuras de control para controlar el flujo de ejecución del programa. Los operadores lógicos son esenciales para construir lógica compleja en programas y para implementar comportamientos condicionales.

Estos son solo algunos ejemplos, hay más operadores en Python para realizar diversas operaciones. Los operadores son fundamentales para expresar la lógica y las manipulaciones de datos en un programa.

Operadores de Asignación:

Los operadores de asignación en programación se utilizan para asignar valores a variables. Estos operadores permiten simplificar la tarea de asignar un valor a una variable y, al mismo tiempo, realizar alguna operación aritmética o lógica con el valor actual de la variable.

Aquí tienes algunos operadores de asignación comunes en Python:

=: Asignación básica
- Asigna el valor de la derecha a la variable de la izquierda.

```
x = 10
```

`+=: Incremento
- Suma el valor de la derecha al valor actual de la variable y asigna el resultado a la variable.

```
x += 5 # Es equivalente a x = x + 5
```

`-=: Decremento
- Resta el valor de la derecha al valor actual de la variable y asigna el resultado a la variable.

```
y -= 3 # Es equivalente a y = y - 3
```

`*=: Multiplicación
- Multiplica el valor actual de la variable por el valor de la derecha y asigna el resultado a la variable.

```
z *= 2 # Es equivalente a z = z * 2
```

`/=: División
- Divide el valor actual de la variable por el valor de la derecha y asigna el resultado a la variable.

```
w /= 4 # Es equivalente a w = w / 4
```

`%=: Módulo

- Calcula el módulo del valor actual de la variable dividido por el valor de la derecha y asigna el resultado a la variable.

```
a %= 3 # Es equivalente a a = a % 3
```

Estos operadores de asignación son útiles para realizar operaciones sobre variables en una forma más compacta y legible.

- Asignan un valor a una variable.

```
x = 10

y += 5 # Equivalente a y = y + 5
```

Operadores de Concatenación (para cadenas):

En Python, los operadores de concatenación se utilizan para combinar o unir diferentes secuencias de caracteres o elementos. Estos operadores son comunes en el contexto de cadenas de texto y listas. Aquí tienes algunos ejemplos:

Operador +: Concatenación de Cadenas

Este operador se utiliza para unir dos cadenas de texto.

```
cadena1 = "Hola, "

cadena2 = "mundo!"

resultado = cadena1 + cadena2
```

```
print(resultado)
```

Salida:

```
Hola, mundo!
```

Operador +: Concatenación de Listas

Este operador se utiliza para unir dos listas.

```
lista1 = [1, 2, 3]

lista2 = [4, 5, 6]

resultado = lista1 + lista2

print(resultado)
```

Salida:

```
[1, 2, 3, 4, 5, 6]
```

Operador *: Repetición

Este operador se utiliza para repetir una secuencia varias veces.

```
cadena = "Python "

resultado = cadena * 3

print(resultado)
```

Salida:

```
Python Python Python
```

Operador +=: Concatenación y Asignación

Este operador se utiliza para concatenar y asignar el resultado a la variable original.

```
texto = "Hola, "

texto += "¿cómo estás?"

print(texto)
```

Salida:

```
Hola, ¿cómo estás?
```

Estos operadores son especialmente útiles cuando trabajas con texto y listas, permitiéndote construir cadenas más largas o listas más extensas combinando elementos de manera efectiva.

Ejemplos:

Ejemplo 1:

Aquí tienes un código Python muy simple que imprime un mensaje en la consola:

```
print("Hola, mundo!")
```

Explicación Detallada:

```
print:
```
• 	`print` es una función en Python que se utiliza para imprimir o mostrar información en la consola. En este caso, se utilizará para imprimir el mensaje "Hola, mundo!".

```
("Hola, mundo!"):
```
• 	Esto es un argumento que se pasa a la función `print`. En Python, las cadenas de texto se pueden definir utilizando comillas simples (') o dobles ("). En este caso, se está utilizando una cadena de texto entre comillas dobles que contiene el mensaje "Hola, mundo!".

53

Este es el famoso programa "Hola, mundo!" que a menudo se utiliza como el primer programa cuando se aprende un nuevo lenguaje de programación. Al ejecutar este código, verás que imprime el mensaje "Hola, mundo!" en la consola o terminal.

Ejemplo 2:

Vamos a crear un programa Python simple que solicite al usuario ingresar dos números, los sume y muestre el resultado. Aquí tienes un ejemplo básico con comentarios explicativos:

```python
# Solicitar al usuario ingresar el primer
número
numero1 = float(input("Ingrese el primer
número: "))
# La función input() solicita al usuario
ingresar un valor, y float() convierte la
entrada a un número decimal.

# Solicitar al usuario ingresar el segundo
número
numero2 = float(input("Ingrese el segundo
número: "))

# Sumar los dos números
suma = numero1 + numero2

# Mostrar el resultado
print(f"La suma de {numero1} y {numero2} es:
{suma}")
```

```
# La f-string (format string) se utiliza para
formatear la salida de una manera más legible.
En este caso, muestra los números y la suma.
```

Explicación Detallada:

`numero1 = float(input("Ingrese el primer número: "))`: Solicita al usuario ingresar el primer número. La función `input` toma la
entrada del usuario como una cadena de texto, y `float()` convierte esa cadena a un número decimal.

`numero2 = float(input("Ingrese el segundo número: "))`: Similar al paso anterior, solicita al usuario ingresar el segundo número.
`suma = numero1 + numero2`: Suma los dos números ingresados y almacena el resultado en la variable `suma`.
`print(f"La suma de {numero1} y {numero2} es: {suma}")`: Muestra el resultado de la suma utilizando una f-string para formatear el texto. Imprime la suma y los números originales.

Ejemplo 3

Vamos a crear otro programa simple que determine si un número ingresado por el usuario es positivo, negativo o cero. Aquí tienes un ejemplo con comentarios explicativos:

```
# Solicitar al usuario ingresar un número
```

```
numero = float(input("Ingrese un número: "))


# Verificar si el número es positivo, negativo
o cero
if numero > 0:
 print("El número es positivo.")
elif numero < 0:
 print("El número es negativo.")
else:
 print("El número es cero.")
```

Explicación Detallada:

`numero = float(input("Ingrese un número: "))`:
Solicita al usuario ingresar un número. Nuevamente, utilizamos
`float()` para convertir la entrada a un número decimal.

`if numero > 0:`: Inicia una estructura condicional. Si el
número es mayor que cero, ejecuta el siguiente bloque de
código.
`print("El número es positivo.")`: Muestra un mensaje
indicando que el número es positivo.

`elif numero < 0:`: Parte de la estructura condicional. Si la
condición anterior no se cumple, verifica si el número es menor
que cero.

`print("El número es negativo.")`: Muestra un mensaje
indicando que el número es negativo.

`else::` Parte de la estructura condicional. Si ninguna de las condiciones anteriores se cumple, ejecuta el siguiente bloque de código.
`print("El número es cero.")`: Muestra un mensaje indicando que el número es cero.

Ejemplo 4.

Vamos a crear un programa simple que determine si un año ingresado por el usuario es un año bisiesto o no. Un año bisiesto es aquel que es divisible por 4, excepto aquellos que son divisibles por 100 pero no por 400. Aquí tienes el código con **comentarios explicativos**:

```python
# Solicitar al usuario ingresar un año
year = int(input("Ingrese un año: "))

# Verificar si el año es bisiesto
if (year % 4 == 0 and year % 100 != 0) or
(year % 400 == 0):
 print(f"{year} es un año bisiesto.")
else:
 print(f"{year} no es un año bisiesto.")
```

Explicación Detallada:

`year = int(input("Ingrese un año: "))`: Solicita al usuario ingresar un año y convierte la entrada a un número entero utilizando `int()`.

```
(year % 4 == 0 and year % 100 != 0) or (year %
400 == 0)
```
: Utiliza una expresión booleana para verificar si el año es bisiesto. La expresión evalúa si el año es divisible por 4 y no es divisible por 100, o si es divisible por 400.

```
print(f"{year} es un año bisiesto.")
```
: Muestra un mensaje indicando que el año es bisiesto.

```
else:
```
: Parte de la estructura condicional. Si la condición anterior no se cumple, ejecuta el siguiente bloque de código.
```
print(f"{year} no es un año bisiesto.")
```
: Muestra un mensaje indicando que el año no es bisiesto.

Ejemplo 5:

Operaciones Matemáticas

```
# Este es un comentario en Python. Los
comentarios son ignorados por el intérprete.
# Puedes escribir comentarios para explicar tu
código.

# Definimos dos variables con valores
numéricos
numero1 = 10
numero2 = 5

# Realizamos operaciones matemáticas y
mostramos los resultados en la consola
suma = numero1 + numero2
```

```
resta = numero1 - numero2
multiplicacion = numero1 * numero2
division = numero1 / numero2


# Imprimimos los resultados
print("Suma:", suma)
print("Resta:", resta)
print("Multiplicación:", multiplicacion)
print("División:", division)
```

Explicación:

Las líneas que comienzan con # son comentarios y no afectan la ejecución del código. Sirven para hacer anotaciones y explicar el código.

`numero1 = 10` y `numero2 = 5`: Definimos dos variables (`numero1` y `numero2`) con valores numéricos.

`suma = numero1 + numero2`, `resta = numero1 - numero2`, etc.: Realizamos operaciones matemáticas básicas y almacenamos los resultados en variables (`suma`, `resta`, `multiplicacion`, `division`).

`print("Suma:", suma)`, `print("Resta:", resta)`, etc.: Imprimimos los resultados en la consola utilizando la función `print`. La coma (,) en la función `print` se utiliza para separar los elementos que se mostrarán y agregar un espacio entre ellos.

Ejercicios de Operadores :

Ejercicio 1: *Saludo Personalizado*
Escribe un programa que solicite al usuario que ingrese su nombre y luego imprima un mensaje de saludo personalizado.

Ejercicio 2: *Operaciones Básicas*
Crear un programa que solicite dos números al usuario, realice las operaciones de suma, resta, multiplicación y división, e imprima los resultados.

Ejercicio 3: *Calculadora de IMC (Índice de Masa Corporal)*
Crear un programa que solicite al usuario su peso y altura, calcule el IMC y muestre el resultado.

Ejercicio 4: *Conversor de Temperatura*
Crear un programa que convierta una temperatura en grados Celsius a Fahrenheit. Solicitar al usuario la temperatura en Celsius.

Ejercicio 5: *Lista de Números Pares*
Crear un programa que genere y muestre una lista de los primeros 10 números pares.

Ejercicio 6: *Contador de Palabras*
Crear un programa que solicite al usuario una oración y cuente el número de palabras en esa oración.

Ejercicio 7: *Tabla de Multiplicar*
Crear un programa que solicite al usuario un número y luego imprima la tabla de multiplicar de ese número del 1 al 10.

Ejercicio 8: *Calculadora de IMC*
*Escribe un programa que calcule el Índice de Masa Corporal (IMC) de una persona. El programa debe solicitar al usuario que ingrese su peso en kilogramos y su altura en metros, y luego imprimir el IMC.
Fórmula del IMC: IMC = peso / (altura * altura)*

Ejercicio 9: *Saludo y Operaciones Básicas*
Crea una variable llamada nombre y asígnale tu nombre.
Imprime un saludo que incluya tu nombre.
Crea dos variables numéricas a y b, y asígnales valores.
Calcula la suma, resta, multiplicación y división de a y b.
Imprime los resultados de las operaciones anteriores.

Ejercicio 10: *Verificación de Número Par o Impar*
Crear un programa que solicite al usuario un número entero e imprima si el número es par o impar.

Los resultados sugeridos y simplificados podras verlos en la Pag. 342.

Capítulo 3: Control de Flujo

Condicionales (if,else y elif):

En programación, el término condicionales se refiere a estructuras de control que permiten ejecutar diferentes bloques de código según si una condición específica es verdadera o falsa. Estas estructuras permiten tomar decisiones dentro de un programa y adaptar su comportamiento en función de las circunstancias.

Estas estructuras condicionales permiten que un programa tome decisiones dinámicamente en función de las condiciones específicas en un momento dado. Son fundamentales para el flujo lógico y el control de ejecución en la programación.

En la mayoría de los lenguajes de programación, las condicionales más comunes son las instrucciones `if`, `else` y `elif` (en algunos lenguajes, como Python, se utiliza `elif` en lugar de `else if`). Aquí hay una explicación básica de estas instrucciones:

`if`:

La instrucción `if` se utiliza para evaluar una condición. Si la condición es verdadera, el bloque de código indentado bajo el `if` se ejecuta.

```
edad = 18

if edad >= 18:
  print("Eres mayor de edad.")
```

else:

La instrucción `else` se utiliza junto con `if` para especificar un bloque de código que se ejecutará si la condición en el `if` es falsa.

```
edad = 16

if edad >= 18:
```

```
    print("Eres mayor de edad.")
else:
    print("Eres menor de edad.")
```

elif (else if):

La instrucción `elif` se utiliza para evaluar múltiples condiciones. Si la condición en el `if` es falsa, se verifica la siguiente condición en `elif`.

```
nota = 75

if nota >= 90:
 print("A")
elif nota >= 80:
 print("B")
elif nota >= 70:
 print("C")
else:
 print("Reprobado")
```

Estas estructuras condicionales permiten que un programa tome decisiones dinámicamente en función de las condiciones específicas en un momento dado. Son fundamentales para el flujo lógico y el control de ejecución en la programación.

Estructura Básica:

Los condicionales permiten ejecutar bloques de código en función de una condición.

```
edad = 18

if edad >= 18:
    print("Eres mayor de edad")
else:
    print("Eres menor de edad")
```

Explicación Detallada:

- `edad = 16`: Se define una variable llamada `edad` y se le asigna el valor 16.
- `if edad >= 18::` Se inicia una estructura condicional (`if`). La condición verifica si el valor de `edad` es mayor o igual a 18.
- `print("Eres mayor de edad.")`: Si la condición del `if` es verdadera, se ejecuta este bloque de código, que imprime en la consola el mensaje "Eres mayor de edad."
- `else::` Si la condición del `if` es falsa, se ejecuta este bloque de código, que imprime en la consola el mensaje "Eres menor de edad."

En este caso, como `edad` es 16 (menor que 18), se ejecutará el bloque de código bajo `else`, y se imprimirá "Eres menor de edad." en la consola.

Elif (Else If):
- Puedes utilizar `elif` para comprobar múltiples condiciones.

```
nota = 75

if nota >= 90:
```

64

```
   print("A")
elif nota >= 80:


   print("B")


elif nota >= 70:
  print("C")
else:
  print("Reprobado")
```

Bucles (for, while):

Un bucle `for` se utiliza para iterar sobre una secuencia (como una lista, tupla, cadena o rango) y ejecutar un bloque de código una vez para cada elemento en la secuencia. La sintaxis básica es la siguiente:

```
for elemento in secuencia:
 # Bloque de código a ejecutar para cada
elemento
```

- `elemento` es una variable que toma el valor de cada elemento en la `secuencia` en cada iteración.
- El bloque de código indentado debajo del `for` se ejecuta una vez para cada elemento en la secuencia.

65

Ejemplo de bucle `for` que imprime los números del 1 al 5:

```
for i in range(1, 6):
    print(i)
```

Un bucle `while` se utiliza para repetir un bloque de código mientras una condición sea verdadera. La sintaxis básica es la siguiente:

```
while condicion:
 # Bloque de código a ejecutar mientras la
condición sea verdadera
```

- La condición se evalúa antes de cada iteración. Si es verdadera, se ejecuta el bloque de código y luego la condición se vuelve a evaluar.
- El bucle continuará ejecutándose mientras la condición sea verdadera.

Ejemplo de bucle `while` que imprime los números del 1 al 5:

```
i = 1
while i <= 5:
 print(i)
 i += 1
```

Ambos bucles son herramientas poderosas que permiten la repetición de tareas. La elección entre `for` y `while` depende de la situación y la estructura de control de flujo que se desea implementar en el código.

Bucle For:

*   Itera sobre una secuencia (como una lista, tupla o rango).

```python
frutas = ["manzana", "banana", "cereza"]

for fruta in frutas:
 print(fruta)
```

Bucle While:

*   Se ejecuta mientras una condición sea verdadera.

```python
contador = 0

while contador < 5:
 print(contador)
 contador += 1
```

Control de Bucles (break, continue):

*   break se utiliza para salir del bucle.
*   continue salta a la siguiente iteración del bucle.

```python
for i in range(10):
 if i == 3:
 break
 print(i)
```

Ejemplos:

Ejemplo 1: Condicionales (if, elif, else)

Crea un programa que solicite al usuario ingresar su edad. Luego, utiliza condicionales para determinar en qué categoría de edad se encuentra: "Niño" (0-12), "Adolescente" (13-19), "Adulto" (20-59), o "Adulto Mayor" (60 o más).

```
edad = int(input("Ingrese su edad: "))

if edad <= 12:
 print("Eres un niño.")
elif 13 <= edad <= 19:
 print("Eres un adolescente.")


elif 20 <= edad <= 59:


 print("Eres un adulto.")


else:
 print("Eres un adulto mayor.")
```

Ejemplo 2: Bucle For

Crea un bucle `for` que imprima los números del 1 al 5.

```
for numero in range(1, 6):
 print(numero)
```

Ejemplo 3: Bucle While

Crea un bucle `while` que imprima los números del 1 al 5.

```
numero = 1
while numero <= 5:
 print(numero)
 numero += 1
```

Ejemplo 4: Control de Bucles (break, continue)

Crea un bucle `while` que solicite al usuario ingresar números. Si el usuario ingresa el número 0, termina el bucle. Si el usuario ingresa un número negativo, se muestra un mensaje de advertencia, pero el bucle continúa pidiendo más números.

```
while True:
 numero = int(input("Ingrese un número (0 para salir): "))

 if numero == 0:
 print("Saliendo del bucle.")
 break
 elif numero < 0:

 print("¡Cuidado! Los números negativos no están permitidos.")
 continue

 print(f"Número ingresado: {numero}")
```

Ejercicios de Listas y Bucles:

Ejercicio 1: *Lista de Números.*

Crear una lista que contenga los números del 1 al 5 y luego imprimir cada número.

Ejercicio 2: Suma de Números en una Lista
Crear una lista de números y calcular la suma de todos los elementos.

Ejercicio 3: Lista de Palabras
Crear una lista de palabras e imprimir cada palabra en una línea.
Ejercicio 4: Cuadrados de Números

Crear una lista de números e imprimir el cuadrado de cada número.
Ejercicio 5: Lista de Colores
Crear una lista de colores e imprimir la lista.

Ejercicio 6: Conteo de Elementos en una Lista
Crear una lista y contar cuántos elementos contiene. Imprimir el resultado.

Ejercicio 7: Doble de Números Pares
Crear una lista de números del 1 al 10, y para cada número par, imprimir el doble de ese número.

Ejercicio 8: Suma de Números Pares
Crear una lista de números del 1 al 10, y calcular la suma solo de los números pares.

Ejercicio 9: Lista de Números al Cuadrado
Crear una lista de números y generar una nueva lista que contenga el cuadrado de cada número.

Ejercicio 10: Números Impares con Bucle
Usar un bucle para imprimir todos los números impares del 1 al 10.

Ejercicio 11. Lista y uso de for.
Crea una lista llamada nombres con al menos tres nombres.
Utiliza un bucle for para imprimir cada nombre en la lista.

Ejercicio 12: *Condicionales*
    Crea una variable llamada edad y asígnale tu edad.
-     Los resultados sugeridos y simplificados podras verlos en la Pag. 348.

Control de Flujo Avanzado.

El Control de Flujo Avanzado se refiere a técnicas y estructuras más complejas que permiten dirigir y organizar la ejecución de un programa de manera más sofisticada. A menudo, se utilizan cuando las estructuras de control de flujo básicas (condicionales y bucles simples) no son suficientes para abordar la lógica más compleja del programa. Aquí hay algunas de las técnicas avanzadas de control de flujo:

Enumerate:

La función `enumerate()` en Python se utiliza para agregar un contador a un iterable (como una lista, tupla o cadena) y devolver una tupla que contiene pares de índice y elemento. Este contador se inicia por defecto en 0, pero puedes especificar un valor inicial si lo deseas.

La sintaxis básica de `enumerate()` es la siguiente:

```
enumerate(iterable, start=0)
```

-     `iterable`: El iterable al que se le agregará un contador.

- start: Valor inicial del contador. Por defecto es 0.

Ejemplo de uso de `enumerate()`:

```
frutas = ['manzana', 'banana', 'cereza']

for indice, fruta in enumerate(frutas):
 print(f"Índice: {indice}, Fruta: {fruta}")
```

Resultado:

```
Índice: 0, Fruta: manzana
Índice: 1, Fruta: banana
Índice: 2, Fruta: cereza
```

En este ejemplo, `enumerate(frutas)` devuelve una secuencia de tuplas donde cada tupla contiene un índice y un elemento de la lista `frutas`. El bucle `for` desempaqueta estas tuplas en las variables `indice` y `fruta`, y luego se imprimen.

La función `enumerate()` es útil cuando necesitas tanto el valor como el índice del elemento al recorrer una lista u otro iterable.

Zip:

La función `zip()` en Python se utiliza para combinar elementos de dos o más iterables (listas, tuplas, etc.) en tuplas de pares correspondientes. Devuelve un objeto zip que es un iterador de tuplas, donde cada tupla contiene los elementos de las posiciones correspondientes en los iterables originales.

La sintaxis básica de zip() es la siguiente:

zip(iterable1, iterable2, ...)

- iterable1, iterable2, ...: Los iterables que se combinarán.

Ejemplo de uso de zip():

```
nombres = ['Juan', 'María', 'Carlos']
edades = [25, 30, 22]

# Combina nombres y edades en tuplas
resultado = zip(nombres, edades)

# Convierte el objeto zip a una lista de
tuplas

lista_resultado = list(resultado)

print(lista_resultado)
```

Resultado:

```
[('Juan', 25), ('María', 30), ('Carlos',
22)]
```

otra forma:

```
nombres = ['Juan', 'María', 'Carlos']
edades = [25, 30, 22]
for nombre, edad in zip(nombres, edades):
 print(f"Nombre: {nombre}, Edad: {edad}")
```

En este ejemplo, zip(nombres, edades) combina los elementos de las listas nombres y edades en tuplas, donde cada tupla contiene un nombre y una edad correspondiente. Luego, se convierte el objeto zip a una lista para imprimirlo.

La función zip() es útil cuando necesitas combinar datos de múltiples fuentes y trabajar con ellos en pares correspondientes. Puedes utilizar el resultado directamente en un bucle for o convertirlo a una lista según tus necesidades.

Comprensiones de Listas, Diccionarios y Conjuntos:

Las comprensiones son construcciones concisas para crear listas, diccionarios o conjuntos de manera más compacta y legible.

```
cuadrados = [x**2 for x in range(1, 6)]
diccionario_cuadrados = {x: x**2 for x in
range(1, 6)}
    conjunto_cuadrados = {x**2 for x in
range(1, 6)}
```

Instrucción Pass:

`pass` es una instrucción que no realiza ninguna operación. Puede ser útil cuando se requiere sintaxis correcta pero no se necesita realizar ninguna acción.

```
if condicion:
 # Código pendiente de implementación
 pass
```

Se utiliza como marcador de posición cuando no se desea ejecutar ninguna instrucción.

```
if x < 0:
 print("Número negativo")
elif x == 0:
 pass
else:
 print("Número positivo")
```

Estas técnicas avanzadas permiten una mayor flexibilidad y expresividad en el código. Se utilizan para escribir código más conciso, legible y eficiente cuando se abordan situaciones más complejas. La elección de usar estas técnicas dependerá de los requisitos específicos del problema que estás resolviendo.

Ejercicio 1: Enumerate

Crea una lista de nombres y utiliza la función enumerate para imprimir el índice

y el nombre correspondiente en cada iteración.

```
nombres = ["Ana", "Juan", "Carlos", "María"]


for indice, nombre in enumerate(nombres):
 print(f"Índice: {indice}, Nombre: {nombre}")
```

Ejercicio 2: Zip

Crea dos listas, una con nombres y otra con edades. Utiliza la función zip para combinar las dos listas e imprimir el nombre y la edad correspondiente en cada iteración.

```
nombres = ["Ana", "Juan", "Carlos"]

edades = [25, 30, 22]

for nombre, edad in zip(nombres, edades):
 print(f"Nombre: {nombre}, Edad: {edad}")
```

Ejercicio 3: List Comprehensions

Crea una lista con los cuadrados de los números del 1 al 5 utilizando list comprehensions.

```
cuadrados = [x**2 for x in range(1, 6)]
print(cuadrados)
```

Ejercicio 4: Instrucción Pass

Crea una función llamada `funcion_dummy` que no hace nada (utiliza la instrucción `pass`). Luego, llámala.

```
def funcion_dummy():
 pass

# Llamada a la función
funcion_dummy()
```

jercicio 5: Generadores y Yield

Crea un generador que genere los números de la secuencia de Fibonacci. La secuencia de Fibonacci comienza con 0 y 1, y cada número siguiente es la suma de los dos anteriores (0, 1, 1, 2, 3, 5, 8, ...).

```
def fibonacci_generator(n):

 a, b = 0, 1
 for _ in range(n):

  yield a
  a, b = b, a + b

# Ejemplo de uso
```

```
for num in fibonacci_generator(10):
 print(num)
```

Ejercicio 6: Comprensiones de Generadores

Crea una comprensión de generador que genere los cuadrados de los números pares del 1 al 10.

```
cuadrados_pares = (x**2 for x in range(1, 11)
if x % 2 == 0)

# Ejemplo de uso
for cuadrado in cuadrados_pares:
 print(cuadrado)
```

Ejercicio 7: Manejo de Excepciones Avanzado

Modifica el manejo de excepciones en un programa para incluir un bloque `finally` que siempre se ejecute, independientemente de si se produce o no una excepción.

```
try:
 # Código que puede lanzar una excepción


 resultado = 10 / 0
except ZeroDivisionError:


 print("Error: División por cero")
finally:
 print("Este bloque siempre se ejecutará")
```

Ejercicio 8: Decoradores

Crea un decorador llamado `logger` que registre el tiempo de ejecución de una función junto con su nombre.

```python
import time


def logger(func):
 def wrapper(*args, **kwargs):
 start_time = time.time()
 result = func(*args, **kwargs)
 end_time = time.time()


 print(f"La función {func.__name__} tardó {end_time - start_time:.4f} segundos en ejecutarse.")
 return result
 return wrapper

@logger
def ejemplo_funcion():
 print("Ejecutando la función...")
 time.sleep(2)

# Ejemplo de uso
ejemplo_funcion()
```

Ejercicios de Control Avanzado:

Ejercicio 1: Enumeración

79

Crear una lista de nombres y usar la función enumerate para imprimir el índice y el nombre de cada elemento.

Ejercicio 2: Zip
Crear dos listas, una de nombres y otra de edades. Usar la función zip para combinarlas e imprimir parejas de nombre y edad.

Ejercicio 3: Comprensión de Listas
Crear una lista de números del 1 al 10. Utilizar una comprensión de listas para generar una nueva lista que contenga el cuadrado de cada número.

Ejercicio 4: Instrucción Pass
Crear una función llamada mi_funcion que no hace nada, solo utiliza la instrucción pass.

Ejercicio 5: Lista de Números Pares con Bucle
Usar un bucle para imprimir todos los números pares del 2 al 20.

Ejercicio 6: Suma de Números con Bucle
Usar un bucle para calcular la suma de los números del 1 al 5.

Ejercicio 7: Bucle While
Crear un bucle while que imprima los números del 1 al 5.

Ejercicio 8: Bucle con Break
Usar un bucle con la instrucción break para imprimir los números del 1 al 5, pero salir del bucle después de imprimir el número 3.

Ejercicio 9: Bucle con Continue
Usar un bucle con la instrucción continue para imprimir los números del 1 al 5, pero omitir la impresión del número 3.

Ejercicio 10: Adivina el Número
Crear un programa que genere un número aleatorio entre 1 y 10 y permita al usuario adivinar el número. Dar pistas si el número es mayor o menor.

Ejercicio 11: *Números Pares e Impares*
Usar un bucle para imprimir números pares hasta 10 y números impares hasta 9 alternativamente.
Ejercicio 12: *Tabla de Multiplicar*
Crear una tabla de multiplicar del 5 utilizando un bucle for.

• *Los resultados sugeridos y simplificados podras verlos en la Pag. 352.*

Capítulo 4: Funciones y Modularidad

En programación, una función es un bloque de código reutilizable que realiza una tarea específica cuando es llamado o invocado. Las funciones permiten organizar y estructurar el código, facilitando la modularidad y la reutilización del mismo.

Características clave de las funciones:

Definición:
• Una función se define utilizando la palabra clave `def`, seguida del nombre de la función y paréntesis que pueden contener parámetros.

```
def saludar():
```

```
print("Hola, mundo!")
```

Parámetros:
- Los parámetros son valores que una función puede aceptar para realizar su tarea. Se definen entre los paréntesis de la función.

```
def saludar(nombre):
 print(f"Hola, {nombre}!")
```

Cuerpo de la Función:
- El bloque de código dentro de la función se conoce como el cuerpo de la función. Este bloque define las instrucciones que se ejecutan cuando la función es llamada.

```
def sumar(a, b):
 resultado = a + b
 return resultado
```

Llamada a la Función:
- Para ejecutar el código dentro de una función, se debe llamar a la función utilizando su nombre seguido de paréntesis.

```
saludar("Juan")
resultado_suma = sumar(5, 3)
```

Valor de Retorno:

- Algunas funciones devuelven un valor utilizando la palabra clave `return`. Este valor puede ser utilizado en otras partes del programa.

```
def multiplicar(a, b):
 resultado = a * b
 return resultado

resultado_multiplicacion = multiplicar(4, 6)
```

Reutilización:
- La reutilización de funciones es una de las ventajas clave. Una función puede ser llamada desde diferentes partes del programa, evitando la duplicación de código.

```
saludar("Ana")
saludar("Carlos")
```

Las funciones son esenciales para escribir código modular y estructurado. Ayudan a dividir un programa en bloques más pequeños y manejables, facilitando el mantenimiento y la comprensión del código.

Definición de Funciones:

Sintaxis Básica:
- Una función en Python se define con la palabra clave `def`.

```
def saludar(nombre):
```

```
print(f"Hola, {nombre}!")
```

Parámetros y Argumentos:
*   Las funciones pueden aceptar parámetros.

```
def sumar(a, b):
 resultado = a + b
 return resultado

resultado_suma = sumar(5, 3)
```

Ámbito de las Variables:
Variables Locales y Globales:
*   Las variables definidas dentro de una función son
locales; aquellas definidas fuera son globales.

```
global_variable = 10

def ejemplo_funcion():
 local_variable = 5
 print(global_variable)


ejemplo_funcion()
```

Importación de Módulos:

Creación de Módulos:
*   Un módulo es un archivo que contiene funciones y
variables. Puede ser importado en otros scripts.

```
# En el archivo mi_modulo.py
```

```
def saludar(nombre):

 print(f"Hola, {nombre}!")

# En otro script

import mi_modulo

mi_modulo.saludar("Juan")
```

Importación Selectiva:
- 	Puedes importar solo funciones específicas desde un módulo.

```
from mi_modulo import saludar

saludar("Ana")
```

Alias en la Importación:
- 	Puedes asignar alias a módulos o funciones durante la importación.

```
import mi_modulo as mm

mm.saludar("María")
```

Importación de Todas las Funciones:
- 	Puedes importar todas las funciones de un módulo.

```
from mi_modulo import *
```

```
saludar("Carlos")
```

Docstrings y Comentarios:

Docstrings:

- Las docstrings son cadenas de documentación que describen el propósito y el comportamiento de una función.

```
def multiplicar(a, b):
    """

    Multiplica dos números y devuelve el
    resultado.
    """
    return a * b
```

Ejemplos de Funciones y Modularidad

Ejemplo 1: Función para Sumar dos Números

```
def sumar(a, b):
    """Esta función suma dos números."""
    resultado = a + b
    return resultado

# Uso de la función
num1 = 5
num2 = 7
resultado_suma = sumar(num1, num2)
print(f"La suma de {num1} y {num2} es:
{resultado_suma}")
```

Ejemplo 2: Función para Verificar si un Número es Par o Impar

```python
def es_par(numero):
    """Esta función verifica si un número es par
o impar."""
    if numero % 2 == 0:
        return True
    else:
        return False

# Uso de la función
numero_verificar = 10
if es_par(numero_verificar):
    print(f"{numero_verificar} es un número
par.")


else:
    print(f"{numero_verificar} es un número
impar.")
```

Ejemplo 3: Módulo con Funciones de Operaciones Matemáticas

```python
# modulo_operaciones.py
def suma(a, b):
    """Esta función devuelve la suma de dos
números."""
    return a + b
```

```python
def resta(a, b):
    """Esta función devuelve la resta de dos
números."""
    return a - b

def multiplicacion(a, b):
    """Esta función devuelve el producto de dos
números."""

    return a * b

def division(a, b):
    """Esta función devuelve la división de dos
números."""


    if b != 0:
    return a / b
    else:
    return "Error: División por cero."

# Uso del módulo en otro archivo
import modulo_operaciones

num1 = 8
num2 = 4

resultado_suma = modulo_operaciones.suma(num1,
num2)
print(f"La suma de {num1} y {num2} es:
{resultado_suma}")

resultado_resta =
modulo_operaciones.resta(num1, num2)
print(f"La resta de {num1} y {num2} es:
{resultado_resta}")
```

Ejercicios de Funciones y Modularidad:

Ejercicio 1: *Saludo Personalizado*
Crear una función llamada saludar que tome el nombre de una persona como argumento e imprima un saludo personalizado.

Ejercicio 2: *Calculadora Simple*
Crear funciones para sumar, restar, multiplicar y dividir dos números. Luego, solicitar al usuario que ingrese dos números y realice operaciones con esas funciones.

Ejercicio 3: *Conversor de Celsius a Fahrenheit*
Crear una función llamada celsius_a_fahrenheit que tome una temperatura en grados Celsius como argumento y devuelva la temperatura equivalente en grados Fahrenheit.
Ejercicio 4: *Longitud de una Cadena*

Crear una función llamada longitud_cadena que tome una cadena como argumento y devuelva la longitud de la cadena.

Ejercicio 5: *Lista al Cuadrado*
Crear una función llamada cuadrado_lista que tome una lista de números como argumento y devuelva una nueva lista con cada número elevado al cuadrado.

Ejercicio 6: *Ordenar Lista*
Crear una función llamada ordenar_lista que tome una lista de números como argumento y devuelva una nueva lista con los números ordenados de menor a mayor.

Ejercicio 7: *Verificar Número Par*
Crear una función llamada es_par que tome un número como argumento y devuelva True si es par y False si es impar.

Ejercicio 8: *Factorial*
Crear una función llamada calcular_factorial que tome un número como argumento y devuelva su factorial.

Ejercicio 9: *Palíndromo*
Crear una función llamada es_palindromo que tome una cadena como argumento y devuelva True si es un palíndromo y False si no lo es.

Ejercicio 10: *Suma de Números en una Lista*
Crear una función llamada suma_lista que tome una lista de números como argumento y devuelva la suma de esos números.

Ejercicio 11: *Funciones*
Crea una función llamada saludo que acepte un nombre como argumento y devuelva un saludo.
Llama a la función con tu nombre e imprime el resultado.

Ejercicio 12: *Diccionarios y Métodos de Cadena*
Crea un diccionario llamado info_persona con claves como "nombre", "edad", y "ciudad" y valores correspondientes.
Utiliza el método format() para imprimir una cadena que incluya la información de la persona.

•   *Los resultados sugeridos y simplificados podras verlos en la Pag. 355.*

Parte 2: Estructuras de Datos en Python

Listas:

En programación, una lista es una estructura de datos que permite almacenar y organizar elementos de manera secuencial. En Python, las listas son un tipo de datos mutable, lo que significa que se pueden modificar después de su creación. Las listas se definen mediante corchetes `[]` y pueden contener elementos de diferentes tipos.

Ejemplo de una lista en Python:

```
frutas = ["manzana", "naranja", "plátano", "uva"]
```

Características de las listas:

• Pueden contener elementos de diferentes tipos (números, cadenas, otras listas, etc.).
• Son mutables, lo que significa que puedes agregar, eliminar o modificar elementos.
• Se accede a los elementos mediante índices (0-based), por ejemplo, `frutas[0]` para acceder a la primera fruta.
• Admiten operaciones como `append()` para agregar elementos al final, `remove()` para eliminar un elemento, y más.

Tuplas:

Una tupla es una estructura de datos similar a una lista, pero con la diferencia clave de que las tuplas son inmutables, es decir, no pueden ser modificadas después de su creación. En Python, las tuplas se definen mediante paréntesis `()` y pueden contener elementos de diferentes tipos.

Ejemplo de una tupla en Python:

```
coordenadas = (10, 20)
```

Características de las Tuplas:

- Son inmutables, lo que significa que no se pueden modificar después de la creación.
- Se accede a los elementos mediante índices, al igual que en las listas.
- Pueden contener elementos de diferentes tipos.
- Son más eficientes en términos de espacio y tiempo de ejecución que las listas cuando se trata de estructuras de datos pequeñas e inmutables.

En resumen, tanto las listas como las tuplas son estructuras de datos que permiten almacenar elementos de manera ordenada. La elección entre usar una lista o una tupla dependerá de si se necesita la capacidad de modificar los elementos después de la creación (en cuyo caso se usaría una lista) o si se desea una estructura inmutable (en cuyo caso se usaría una tupla).

Ejemplos de Listas y Tuplas:

1. Listas y Operaciones Básicas

Crea una lista llamada `numeros` que contenga los números del 1 al 5. Luego, realiza las siguientes operaciones:

- Imprime la lista.
- Añade el número 6 al final de la lista.
- Inserta el número 0 al principio de la lista.
- Elimina el número 3 de la lista.
- Imprime la longitud de la lista.

Solución:

```
numeros = [1, 2, 3, 4, 5]

# 1. Imprimir la lista

print("Lista original:", numeros)

# 2. Añadir el número 6 al final
numeros.append(6)

# 3. Insertar el número 0 al principio
numeros.insert(0, 0)

# 4. Eliminar el número 3
numeros.remove(3)

# 5. Imprimir la longitud de la lista
```

93

```
print("Lista modificada:", numeros)
print("Longitud de la lista:", len(numeros))
```

3. Tuplas e Inmutabilidad

Crea una tupla llamada colores con algunos colores de tu
elección. Intenta realizar alguna operación que intente modificar
la tupla y observa el error que se genera.

Solución:

```
colores = ("rojo", "verde", "azul")

# Intentar modificar la tupla (esto generará un
error)
try:
 colores[0] = "amarillo"
except TypeError as e:
 print(f"Error: {e}")
```

4. Conjuntos y Operaciones Básicas

Crea dos conjuntos llamados conjunto1 y conjunto2 con
algunos elementos. Luego, realiza las siguientes operaciones:

Imprime los conjuntos.
Realiza la unión de los conjuntos e imprime el resultado.
Realiza la intersección de los conjuntos e imprime el resultado.
Añade un elemento al conjunto1.
Elimina un elemento del conjunto2.

Solución:
```python
conjunto1 = {1, 2, 3, 4}
conjunto2 = {3, 4, 5, 6}


# 1. Imprimir los conjuntos
print("Conjunto 1:", conjunto1)
print("Conjunto 2:", conjunto2)


# 2. Unión de los conjuntos

union = conjunto1.union(conjunto2)
print("Unión de conjuntos:", union)

# 3. Intersección de los conjuntos
interseccion = conjunto1.intersection(conjunto2)
print("Intersección de conjuntos:",
interseccion)

# 4. Añadir un elemento al conjunto1
conjunto1.add(7)

# 5. Eliminar un elemento del conjunto2
conjunto2.remove(5)

# Imprimir los conjuntos modificados
print("Conjunto 1 modificado:", conjunto1)
print("Conjunto 2 modificado:", conjunto2)
```

Listas y Tuplas en Python.

En Python, una lista es una estructura de datos que puede contener elementos de diversos tipos (números, cadenas, otros objetos, etc.). Las listas son mutables, lo que significa que puedes agregar, eliminar o modificar elementos después de haber creado la lista. Se definen utilizando corchetes []. Aquí tienes un ejemplo:

```
mi_lista = [1, 2, 3, "cuatro", 5.0]
```

Las listas son útiles para almacenar colecciones ordenadas de elementos. Puedes acceder a elementos individuales mediante índices (posiciones en la lista) y realizar diversas operaciones como añadir, eliminar o modificar elementos.

Las listas son secuencias ordenadas y mutables en Python.

Métodos y operaciones comunes incluyen:

- append(), extend(), insert()
- remove(), pop(), clear()
- index(), count()
- sort(), reverse()

```
frutas = ["manzana", "naranja", "plátano"]
frutas.append("uva")
frutas.extend(["kiwi", "mango"])
frutas.remove("naranja")
```

Una tupla es similar a una lista en el sentido de que también puede contener elementos de diversos tipos, pero a diferencia de las listas, las tuplas son inmutables, es decir, no se pueden modificar después de haber sido creadas. Se definen utilizando paréntesis (). Aquí tienes un ejemplo:

```
mi_tupla = (1, 2, 3, "cuatro", 5.0)
```

Las tuplas son útiles cuando quieres asegurarte de que los elementos no cambien durante la ejecución del programa. Aunque no puedes añadir o eliminar elementos de una tupla después de haberla creado, puedes acceder a sus elementos mediante índices y realizar operaciones de lectura.

¿Para qué sirven Las Listas y las Tuplas?

Listas:

- Almacenar colecciones de elementos ordenados.
- Facilitar la manipulación y procesamiento de datos.
- Realizar operaciones como añadir, eliminar y modificar elementos de forma dinámica.

Tuplas:

- Garantizar que los datos no se modifiquen accidentalmente.
- Utilizar como claves en un diccionario (ya que las listas no son hasheables).

- Retornar múltiples valores desde una función.

En resumen, las listas y las tuplas son estructuras de datos versátiles en Python que permiten organizar y manipular colecciones de elementos. La elección entre una lista y una tupla dependerá de si necesitas o no que los datos sean modificables después de la creación.

Listas: Métodos y Operaciones:

Las listas en Python son estructuras de datos versátiles y poderosas que pueden contener elementos de cualquier tipo. Aquí tienes algunos métodos y operaciones comunes que puedes realizar con listas:

La creación de listas se refiere al proceso de definir e inicializar una lista en Python. En Python, una lista es una estructura de datos que puede contener elementos de diferentes tipos y se define utilizando corchetes []. Aquí hay algunas formas comunes de crear listas:

Listas Vacías:

- Puedes crear una lista vacía simplemente utilizando corchetes:

```
lista_vacia = []
```

Lista con Elementos:

- Puedes crear una lista con elementos específicos:

```
mi_lista = [1, 2, 'tres', 4.0, True]
```

- En este ejemplo, mi_lista es una lista que contiene un entero, un número decimal, una cadena de texto y un valor booleano.

Generación de Listas con Range:

- La función range se puede utilizar para generar una secuencia de números que luego se convierte en una lista:

```
numeros = list(range(1, 6))
```

- Esto crea la lista [1, 2, 3, 4, 5].

Comprensión de Listas:

- Puedes utilizar la comprensión de listas para crear listas de manera **concisa**:

```
cuadrados = [x**2 for x in range(1, 6)]
```

- Esto crea la lista [1, 4, 9, 16, 25] que contiene los cuadrados de los números del 1 al 5.

Creación de Listas:

- Crear una lista vacía: `mi_lista = []` o `mi_lista = list()`
- Crear una lista con elementos: `numeros = [1, 2, 3, 4, 5]`

Agregar y Eliminar Elementos:

- `append(elemento)`: Agrega un elemento al final de la lista.

```
frutas = ['manzana', 'naranja']

frutas.append('plátano')
```

- `insert(posición, elemento)`: Inserta un elemento en una posición específica.

```
numeros = [1, 2, 4, 5]

 numeros.insert(2, 3) # Inserta el número 3
en la posición 2
```

- `remove(elemento)`: Elimina la primera aparición de un elemento específico.

```
colores = ['rojo', 'verde', 'azul']

colores.remove('verde')
```

- `pop(posición)`: Elimina el elemento en una posición dada y lo devuelve.

```
letras = ['a', 'b', 'c']

eliminada = letras.pop(1) # Elimina el
elemento en la posición 1 ('b')
```

Índices y Rebanadas (Slicing):

Índices:

Los índices en Python son números enteros que se utilizan para acceder a elementos individuales dentro de una secuencia, como una lista, una cadena o una tupla. En Python, los índices comienzan desde 0 para el primer elemento de la secuencia, luego 1 para el segundo elemento y así sucesivamente.

Aquí tienes un ejemplo de cómo se usan los índices para acceder a elementos dentro de una lista:

```
mi_lista = ["manzana", "banana", "cereza",
"dátil", "uva"]

# Acceder al primer elemento de la lista (índice
0)
primer_elemento = mi_lista[0]
print("Primer elemento:", primer_elemento)

# Acceder al tercer elemento de la lista (índice
2)
tercer_elemento = mi_lista[2]
print("Tercer elemento:", tercer_elemento)
```

```
# Acceder al último elemento de la lista
utilizando índices negativos
ultimo_elemento = mi_lista[-1]
print("Último elemento:", ultimo_elemento)
```

En este ejemplo, `mi_lista[0]` devuelve el primer elemento de la lista, `"manzana"`, ya que los índices comienzan desde 0. `mi_lista[2]` devuelve el tercer elemento, `"cereza"`, y `mi_lista[-1]` devuelve el último elemento, `"uva"`, utilizando un índice negativo que cuenta desde el final de la lista.

Es importante tener en cuenta que si intentas acceder a un índice que está fuera del rango de la secuencia, Python generará un error de índice fuera de rango. Por ejemplo, si intentas acceder a `mi_lista[5]` en el ejemplo anterior, obtendrás un error porque la lista solo tiene índices válidos de 0 a 4.

- Índices positivos: Los elementos de una secuencia se pueden acceder mediante índices positivos. El primer elemento tiene un índice de 0, el segundo tiene un índice de 1, y así sucesivamente.

```
cadena = "Python"

print(cadena[0]) # Imprime 'P', el primer
carácter.
```

```
print(cadena[2]) # Imprime 't', el tercer
carácter.
```

- Índices negativos: También puedes acceder a los elementos desde el final utilizando índices negativos. -1 representa el último elemento, -2 el penúltimo, y así sucesivamente.

```
lista = [1, 2, 3, 4, 5]

print(lista[-1]) # Imprime 5, el último
elemento.

print(lista[-3]) # Imprime 3, el tercer elemento
desde el final.
```

Rebanadas (Slicing):

Las rebanadas (slicing en inglés) en Python son una forma de acceder a una parte específica de una secuencia, como una lista, una cadena o una tupla, utilizando un rango de índices. Esto permite extraer una porción de la secuencia en lugar de un solo elemento.

La sintaxis general para el slicing en Python es `[inicio:fin:paso]`, donde:

- `inicio`: Índice de inicio de la rebanada (inclusive).
- `fin`: Índice de fin de la rebanada (exclusivo).

- paso: Opcional. Especifica el tamaño del paso entre los elementos seleccionados.

Aquí tienes un ejemplo de cómo se usa el slicing con una lista:

```
# Definir una lista
mi_lista = ["a", "b", "c", "d", "e", "f", "g",
"h", "i", "j"]

# Obtener una rebanada que incluya desde el
segundo elemento hasta el cuarto elemento
rebanada1 = mi_lista[1:4]
print("Rebanada 1:", rebanada1) # Salida: ['b',
'c', 'd']

# Obtener una rebanada que incluya desde el
quinto elemento hasta el último
rebanada2 = mi_lista[4:]
print("Rebanada 2:", rebanada2) # Salida: ['e',
'f', 'g', 'h', 'i', 'j']

# Obtener una rebanada que incluya desde el
primer elemento hasta el penúltimo
rebanada3 = mi_lista[:-1]
print("Rebanada 3:", rebanada3) # Salida: ['a',
'b', 'c', 'd', 'e', 'f', 'g', 'h', 'i']

# Obtener una rebanada que incluya cada segundo
elemento
rebanada4 = mi_lista[::2]
print("Rebanada 4:", rebanada4) # Salida: ['a',
'c', 'e', 'g', 'i']

# Obtener una rebanada que invierta la lista
rebanada5 = mi_lista[::-1]
```

```
print("Rebanada 5:", rebanada5) # Salida: ['j',
'i', 'h', 'g', 'f', 'e', 'd', 'c', 'b', 'a']
```

En este ejemplo:

- mi_lista[1:4] devuelve una rebanada que incluye los elementos desde el segundo hasta el cuarto elemento de mi_lista.
- mi_lista[4:] devuelve una rebanada que incluye los elementos desde el quinto hasta el último elemento de mi_lista.
- mi_lista[:-1] devuelve una rebanada que incluye todos los elementos de mi_lista excepto el último.
- mi_lista[::2] devuelve una rebanada que incluye cada segundo elemento de mi_lista.
- mi_lista[::-1] devuelve una rebanada que invierte la lista mi_lista.

Las "rebanadas" (slicing) te permiten acceder a subconjuntos de elementos en una secuencia.

- Sintaxis de rebanada: secuencia[inicio:fin]
- inicio es el índice donde comienza la rebanada (incluido).
- fin es el índice donde termina la rebanada (excluido).

```
cadena = "Python"

subcadena = cadena[0:3] # Subcadena desde el
índice 0 hasta el 2.
```

```
print(subcadena) # Imprime 'Pyt'.
```

- Omitir índices: Puedes omitir el `inicio` o el `fin` para indicar que quieres tomar desde el principio o hasta el final, respectivamente.

```
lista = [1, 2, 3, 4, 5]

sublista = lista[:3] # Toma los primeros tres
elementos.

sublista2 = lista[2:] # Toma desde el tercer
elemento hasta el final.
```

- Paso: Puedes especificar un tercer número, el "paso", que indica el incremento entre los índices.

```
secuencia = "abcdef"

subsecuencia = secuencia[1:5:2] # Desde el
índice 1 hasta el 4 con un paso de 2.
```

Entender cómo trabajar con índices y rebanadas es esencial para manipular eficientemente datos en Python. Estos conceptos se aplican no solo a cadenas, sino también a listas, tuplas y otras secuencias.

- Acceder a un elemento por índice: `mi_lista[indice]`
- Obtener una rebanada de la lista: `mi_lista[inicio:fin]`

```
numeros = [1, 2, 3, 4, 5]
```

```
sublista = numeros[1:4] # [2, 3, 4]
```

Longitud y Conteo:

En Python, longitud y conteo son conceptos asociados principalmente con secuencias, como cadenas, listas y tuplas. Aquí se explica cada uno:

Longitud:

La longitud de una secuencia se refiere al número total de elementos que contiene. Puedes obtener la longitud de una secuencia utilizando la función `len()`.

- **Ejemplo con Lista:**

```
mi_lista = [1, 2, 3, 4, 5]

longitud_lista = len(mi_lista)

print(longitud_lista) # Imprime 5, ya que
hay 5 elementos en la lista.
```

- **Ejemplo con Cadena:**

```
mi_cadena = "Python"

longitud_cadena = len(mi_cadena)

print(longitud_cadena) # Imprime 6, ya que
hay 6 caracteres en la cadena.
```

107

Conteo:

El conteo se refiere a determinar cuántas veces aparece un elemento específico dentro de una secuencia. Puedes utilizar el método `count()` para realizar este conteo.

- **Ejemplo con Lista:**

```
numeros = [1, 2, 2, 3, 2, 4, 2, 5]

    cantidad_de_dos = numeros.count(2)

print(cantidad_de_dos) # Imprime 4, ya que
el número 2 aparece 4 veces en la lista.
```

- **Ejemplo con Cadena:**

```
frase = "Python es un lenguaje poderoso y
Python es divertido"

cantidad_de_python = frase.count("Python")

print(cantidad_de_python) # Imprime 2, ya
que la palabra "Python" aparece dos veces
en la cadena.
```

Entonces, resumiendo:

"Longitud" se refiere al número total de elementos en una secuencia.
"Conteo" se refiere a cuántas veces aparece un elemento específico en una secuencia.

Ejemplos:

- `len(lista)`: Devuelve la longitud de la lista.

```
frutas = ['manzana', 'naranja', 'plátano']

longitud = len(frutas)  # 3
```

- `count(elemento)`: Cuenta cuántas veces aparece un elemento en la lista.

```
numeros = [1, 2, 3, 2, 4, 2]

cantidad_dos = numeros.count(2)  # 3
```

Ordenamiento:

- `sort()`: Ordena la lista in-place.

```
letras = ['c', 'a', 'b']

letras.sort()  # Ordena la lista
alfabéticamente
```

`sorted(lista)`: Devuelve una nueva lista ordenada sin modificar la original.

```
numeros = [3, 1, 4, 1, 5, 9, 2]
```

```
nueva_lista = sorted(numeros) # [1, 1, 2, 3,
4, 5, 9]
```

Operaciones Matemáticas:

`sum(lista)`: Devuelve la suma de todos los elementos en la lista.

```
numeros = [1, 2, 3, 4, 5]
```

- `suma_total = sum(numeros) # 15`

Tuplas: Inmutabilidad:

Una tupla en Python es una colección ordenada e inmutable de elementos. La inmutabilidad es una característica clave de las tuplas, lo que significa que una vez que se crea una tupla, no se pueden modificar sus elementos ni agregar ni eliminar elementos. A continuación, se describen algunas características y ejemplos relacionados con la inmutabilidad de las tuplas:

Creación de Tuplas:

- Sintaxis básica: `mi_tupla = (valor1, valor2, valor3)`
- Tupla con un solo elemento: `tupla_un_elemento = (1,)`

Acceso a Elementos:

Se accede a los elementos de una tupla mediante su índice, de manera similar a las listas.

Ejemplo:

```
coordenadas = (3, 4)

x = coordenadas[0] # 3

y = coordenadas[1] # 4
```

Inmutabilidad:

- No se pueden modificar los elementos de una tupla después de su creación.
- Intentar modificar una tupla generará un error.

```
coordenadas = (3, 4)

# Intentar modificar la tupla generará un error

# coordenadas[0] = 5 # TypeError
```

Concatenación de Tuplas:

- Se pueden combinar dos tuplas para formar una nueva sin modificar las originales.

```
tupla1 = (1, 2)

tupla2 = (3, 4)

nueva_tupla = tupla1 + tupla2 # (1, 2, 3, 4)
```

Desempaquetado de Tuplas:

- Se pueden asignar los elementos de una tupla a variables individuales.

```
punto = (5, 8)

x, y = punto

print(x) # 5

print(y) # 8
```

Uso en Funciones:

- Las tuplas se utilizan a menudo para devolver múltiples valores desde una función.

```
def obtener_coordenadas():
```

```
   return 3, 4

coordenadas = obtener_coordenadas()

print(coordenadas) # (3, 4)
```

Tuplas como Claves de Diccionario:

•   Debido a su inmutabilidad, las tuplas pueden usarse como claves en diccionarios.

```
diccionario = {(1, 2): 'valor'}
```

La inmutabilidad de las tuplas las hace adecuadas para situaciones en las que los datos no deben cambiarse una vez que se han definido. Pueden ser útiles en contextos como representar coordenadas, fechas, o cualquier conjunto fijo de valores.

•   Las tuplas son secuencias ordenadas e inmutables.
•   Útiles para datos que no deben cambiarse.

```
coordenadas = (10, 20)

dimensiones = (3, 4, 5)
```

Ejercicios de Listas y Tuplas :

Ejercicio 1: Lista de Nombres

113

Crear una lista que contenga los nombres de tres personas y luego imprimir cada nombre por separado.

Ejercicio 2: Tupla de Números
Crear una tupla que contenga cuatro números enteros y luego imprimir cada número por separado.

Ejercicio 3: Lista de Colores
Crear una lista de colores y, utilizando un bucle, imprimir cada color en una línea.

Ejercicio 4: Lista de Números Pares
Crear una lista de números pares del 2 al 10 y luego imprimir cada número.

Ejercicio 5: Tupla de Coordenadas
Crear una tupla que represente las coordenadas (x, y) de dos puntos en un plano cartesiano. Imprimir cada coordenada por separado.

Ejercicio 6: Listas y Operaciones Básicas
Crea una lista llamada numeros que contenga al menos cinco números enteros.
Imprime la longitud de la lista.
Agrega un nuevo número al final de la lista.
Ordena la lista de manera ascendente.
Imprime la lista resultante.

Ejercicio 7: Listas y Bucles
Crea una lista llamada frutas con al menos tres nombres de frutas.
Utiliza un bucle for para imprimir cada fruta en la lista.

Ejercicio 8: Tuplas y Desempaquetado
Crea una tupla llamada coordenadas con dos valores numéricos que representen las coordenadas X e Y de un punto.
Utiliza el desempaquetado de tuplas para asignar los valores a dos variables separadas.
Imprime las coordenadas en un formato legible.

Ejercicio 9: *Operaciones con Listas y Tuplas*
Crea una lista llamada pares con al menos tres números pares.
Crea una tupla llamada impares con al menos tres números
impares.
Concatena las dos secuencias en una nueva lista llamada
numeros_completos.
Imprime la nueva lista.

Ejercicio 10: *Manipulación de Listas*
Crea una lista llamada colores con al menos tres colores.
Reemplaza el segundo color con uno nuevo.
Elimina el tercer color de la lista.
Imprime la lista resultante.

•   *Los resultados sugeridos y simplificados podras verlos en la Pag. 358.*

Capítulo 6: Diccionarios y Conjuntos

En programación, un diccionario es una estructura de datos que permite almacenar pares clave-valor de manera asociativa. Cada elemento en un diccionario tiene una clave única y un valor asociado. En Python, los diccionarios se definen mediante llaves { }.

Ejemplo de un diccionario en Python:

```python
persona = {
 "nombre": "Juan",
 "edad": 25,
 "ciudad": "Madrid"
}
```

Características de los diccionarios:

- Almacenan datos en pares clave-valor.
- Las claves son únicas y no pueden repetirse.
- Los valores pueden ser de cualquier tipo de datos.
- Son mutables, lo que significa que se pueden agregar, modificar o eliminar elementos.

Ejemplos de operaciones con diccionarios:

```python
# Acceder al valor de una clave
nombre = persona["nombre"]

# Modificar el valor de una clave
persona["edad"] = 26


# Agregar un nuevo par clave-valor
persona["profesion"] = "ingeniero"

# Eliminar una clave y su valor
del persona["ciudad"]
```

1. Diccionarios y Operaciones Básicas

Crea un diccionario llamado `persona` con las siguientes claves y valores: "nombre", "edad", "ciudad". Luego, realiza las siguientes operaciones:

- Imprime el diccionario.
- Añade la clave "ocupacion" con el valor "programador".
- Actualiza el valor de "edad" a 30.
- Elimina la clave "ciudad" del diccionario.

Solución:

```
persona = {"nombre": "Juan", "edad": 25,
"ciudad": "Ciudad X"}

# 1. Imprimir el diccionario
print("Diccionario original:", persona)

# 2. Añadir la clave "ocupacion"
persona["ocupacion"] = "programador"

# 3. Actualizar el valor de "edad"

persona["edad"] = 30

# 4. Eliminar la clave "ciudad"
del persona["ciudad"]

# Imprimir el diccionario modificado
print("Diccionario modificado:", persona)
```

Diccionarios Anidados:

Los diccionarios anidados, también conocidos como diccionarios dentro de diccionarios, son una estructura de

117

datos en la que un diccionario puede contener otro diccionario como valor asociado a una clave. Esta estructura proporciona una forma eficiente de organizar y acceder a datos jerárquicos y estructurados.

En Python, los diccionarios anidados se crean utilizando llaves { } para definir el diccionario exterior y luego utilizando otros diccionarios como valores asociados a claves en el diccionario principal. Por ejemplo:

```
mi_diccionario = {
  "usuario1": {"nombre": "Juan", "edad": 30},
  "usuario2": {"nombre": "María", "edad": 25}
}
```

En este ejemplo, mi_diccionario es un diccionario que contiene dos elementos. Cada elemento es a su vez otro diccionario que contiene información sobre un usuario, incluyendo su nombre y edad.

Los diccionarios anidados son útiles cuando necesitas representar datos estructurados de manera jerárquica y cuando quieres organizar la información de una manera más compleja que una lista de pares clave-valor. Por ejemplo, puedes usar diccionarios anidados para representar datos de manera similar a una base de datos, donde cada clave principal representa una tabla y los diccionarios internos representan registros en esa tabla.

Para acceder a los valores en un diccionario anidado, simplemente utilizas la notación de corchetes para navegar a través de las claves. Por ejemplo:

```
# Acceder al nombre del usuario1
nombre_usuario1 =
mi_diccionario["usuario1"]["nombre"]
print(nombre_usuario1) # Output: Juan
```

Los diccionarios anidados son una herramienta poderosa en Python que te permite estructurar datos de manera jerárquica y compleja, facilitando el acceso y la manipulación de información estructurada.

Aquí tienes un ejemplo de un diccionario anidado que representa la información de varios usuarios, donde cada usuario tiene un diccionario con sus datos personales:

```
usuarios = {
 "usuario1": {
 "nombre": "Juan",
 "apellido": "Pérez",
 "edad": 30,
 "email": "juan@example.com"
 },
 "usuario2": {
 "nombre": "María",
 "apellido": "González",
 "edad": 25,
 "email": "maria@example.com"
 },
 "usuario3": {
 "nombre": "Carlos",
 "apellido": "López",
 "edad": 40,
 "email": "carlos@example.com"
 }
}
```

```
# Acceder a la información de un usuario
específico
print("Información de usuario2:")
print("Nombre completo:",
usuarios["usuario2"]["nombre"],
usuarios["usuario2"]["apellido"])
print("Edad:", usuarios["usuario2"]["edad"])
print("Email:", usuarios["usuario2"]["email"])
```

En este ejemplo, usuarios es un diccionario donde cada clave
es el nombre de un usuario y el valor asociado es otro
diccionario que contiene los datos personales de ese usuario.
Para acceder a la información de un usuario específico,
simplemente usamos la clave del usuario para acceder al
diccionario interno correspondiente y luego usamos las claves
dentro de ese diccionario para acceder a los datos específicos
de ese usuario.

Conjuntos:

Un conjunto es una estructura de datos que representa una
colección desordenada y sin duplicados de elementos. En
Python, los conjuntos se definen mediante llaves { } o
utilizando el constructor set().

Ejemplo de un conjunto en Python:

```
conjunto_a = {1, 2, 3, 4}
```

Características de los conjuntos:

- No permiten elementos duplicados.
- No tienen un orden específico, por lo que no se pueden acceder a los elementos mediante índices.
- Soportan operaciones de conjuntos como unión, intersección, diferencia, etc.

Ejemplos de operaciones con conjuntos:

```
# Agregar un elemento al conjunto
conjunto_a.add(5)

# Eliminar un elemento del conjunto
conjunto_a.remove(2)

# Unión de conjuntos
conjunto_b = {3, 4, 5, 6}
union = conjunto_a.union(conjunto_b)

# Intersección de conjuntos
interseccion =
conjunto_a.intersection(conjunto_b)
```

Los diccionarios y los conjuntos son estructuras de datos útiles en situaciones específicas. Los diccionarios son ideales para representar datos estructurados con claves asociadas, mientras que los conjuntos son útiles cuando se necesita una colección de elementos únicos y desordenados.

Diccionarios: Clave-Valor:

Los diccionarios almacenan pares clave-valor.

Métodos y operaciones comunes incluyen:

- `get()`, `keys()`, `values()`, `items()`
- `pop()`, `popitem()`, `clear()`

```
persona = {"nombre": "Juan", "edad": 25,
"ciudad": "Madrid"}
print(persona["nombre"])
```

Conjuntos: Operaciones Básicas:

Los conjuntos son colecciones desordenadas y sin duplicados.

Operaciones comunes incluyen:

- `add()`, `remove()`, `discard()`
- `union()`, `intersection()`, `difference()`, `symmetric_difference()`

```
conjunto_a = {1, 2, 3, 4}
conjunto_b = {3, 4, 5, 6}
union = conjunto_a.union(conjunto_b)
```

Ejemplos de Diccionarios y conjuntos:

Ejemplo 1: Diccionario de Alumnos

```
# Diccionario de alumnos con sus calificaciones
```

```python
alumnos = {
 'Juan': 85,
 'María': 92,
 'Carlos': 78,
 'Ana': 95
}

# Acceder a las calificaciones

calificacion_juan = alumnos['Juan']
print(f"La calificación de Juan es:
{calificacion_juan}")

# Agregar un nuevo alumno
alumnos['Luis'] = 88

# Imprimir todos los alumnos y sus
calificaciones
print("Calificaciones de los alumnos:")
for nombre, calificacion in alumnos.items():
 print(f"{nombre}: {calificacion}")
```

Este ejemplo utiliza un diccionario para almacenar las calificaciones de varios alumnos, acceder a las calificaciones mediante claves, agregar un nuevo alumno y recorrer el diccionario.

Ejemplo 2: Conjunto de Palabras Únicas

```python
# Conjunto de palabras únicas en una frase
frase = "Python es un lenguaje de programación
versátil y poderoso"
palabras = set(frase.split())
```

```
# Imprimir las palabras únicas
print("Palabras únicas en la frase:")
for palabra in palabras:
 print(palabra)
```

En este ejemplo, se utiliza un conjunto para almacenar las palabras únicas presentes en una frase. Las palabras se obtienen dividiendo la frase por espacios.

Ejemplo 3: Operaciones con Conjuntos

```
# Conjuntos de números pares e impares
numeros_pares = {2, 4, 6, 8, 10}
numeros_impares = {1, 3, 5, 7, 9}

# Unión de conjuntos
numeros_naturales =
numeros_pares.union(numeros_impares)
print("Números naturales:", numeros_naturales)

# Intersección de conjuntos

numeros_comunes =
numeros_pares.intersection(numeros_impares)
print("Números comunes:", numeros_comunes)

# Diferencia de conjuntos
pares_sin_impares =
numeros_pares.difference(numeros_impares)
print("Números pares sin impares:",
pares_sin_impares)
```

124

Ejercicios de Diccionarios y Conjuntos :

Ejercicio 1: Diccionario de Contactos
Crear un diccionario que represente una agenda de contactos. Cada
entrada debe tener un nombre (clave) y un número de teléfono
(valor). Imprimir el número de teléfono de un contacto específico.

Ejercicio 2: Conjunto de Colores
Crear un conjunto que contenga varios colores. Imprimir el conjunto
y luego agregar un nuevo color. Imprimir nuevamente el conjunto.

Ejercicio 3: Diccionario de Precios
Crear un diccionario que represente los precios de varios productos.
Imprimir el precio de un producto específico.

Ejercicio 4: Conjunto de Números Pares
Crear un conjunto que contenga números pares del 2 al 10. Imprimir
el conjunto.

Ejercicio 5: Diccionario de Estudiantes
Crear un diccionario que contenga información sobre estudiantes
(nombre, edad, grado). Imprimir la información de un estudiante
específico.

Ejercicio 11: Diccionarios y Operaciones Básicas
Crea un diccionario llamado informacion_persona que contenga
información sobre una persona (nombre, edad, ciudad, etc.).
Imprime el valor de una clave específica del diccionario.
Agrega una nueva clave y valor al diccionario.
Modifica el valor de una clave existente.
Imprime el diccionario completo.

Ejercicio 12: Iteración sobre Diccionarios

Crea un diccionario llamado edades con nombres como claves y edades como valores.
Utiliza un bucle for para imprimir cada nombre y edad en el diccionario.

Ejercicio 13: Conjuntos y Operaciones Básicas
Crea dos conjuntos, A y B, con algunos elementos comunes.
Imprime la unión de los conjuntos (A ∪ B).
Imprime la intersección de los conjuntos (A ∩ B).
Agrega un nuevo elemento a uno de los conjuntos.
Imprime la diferencia simétrica de los conjuntos (A Δ B).

Ejercicio 14: Diccionarios Anidados
Crea un diccionario llamado agenda que contenga información de contacto para varias personas.
agenda = {
'persona1': {'nombre': 'Juan', 'telefono': '123456789'},
'persona2': {'nombre': 'Ana', 'telefono': '987654321'},
# ...
}
Imprime la información de contacto de una persona específica.

Ejercicio 15: Conjuntos y Operaciones Avanzadas
Crea tres conjuntos, C, D, y E, con algunos elementos comunes.
Calcula la diferencia entre C y la unión de D y E (C - (D ∪ E)).
Comprueba si D es un subconjunto de E.
Crea un conjunto F que sea la unión de D y E.
Imprime el conjunto F ordenado.

• Los resultados sugeridos y simplificados podras verlos en la Pag. 360.

Capítulo 7: Comprensiones y Generadores

Las comprensiones son una característica en algunos lenguajes de programación, incluido Python, que permite construir de manera concisa listas, diccionarios o conjuntos utilizando una sintaxis más compacta. Las comprensiones son una forma elegante y legible de crear colecciones basadas en iteraciones y condiciones.

Comprensión de Listas:

```
cuadrados = [x**2 for x in range(5)]
```

En este ejemplo, se crea una lista que contiene los cuadrados de los números del 0 al 4.

Comprensión de Diccionarios:

```
dic_cuadrados = {x: x**2 for x in range(5)}
```

Aquí, se crea un diccionario donde las claves son los números del 0 al 4, y los valores son sus respectivos cuadrados.

Comprensión de Conjuntos:

```
conjunto_cuadrados = {x**2 for x in
range(5)}
```

Se crea un conjunto con los cuadrados de los números del 0 al 4.

Generadores:

Los generadores son otra característica de Python que permite crear secuencias de valores de manera eficiente. A diferencia de las listas que almacenan todos los valores en memoria, los generadores generan los valores uno a la vez, conservando así recursos.

Funciones Generadoras:

```
def generador_cuadrados(n):
 for i in range(n):
 yield i**2

cuadrados_gen = generador_cuadrados(5)
```

En este ejemplo, `generador_cuadrados` es una función generadora que devuelve los cuadrados de los números del 0 al 4 uno a la vez cuando se llama mediante `next()`.

Expresiones Generadoras:

```
cuadrados_gen_expr = (x**2 for x in
range(5))
```

Esta expresión generadora es similar a la comprensión de conjuntos, pero utiliza paréntesis en lugar de corchetes, creando así un generador en lugar de una lista.

En resumen, las comprensiones son una forma concisa de construir colecciones, mientras que los generadores son eficientes para trabajar con secuencias de valores, generándolos de manera perezosa, es decir, solo

cuando sea necesario. Ambas son herramientas poderosas en Python para trabajar con datos de manera efectiva.

Comprensiones de Listas, Diccionarios y Conjuntos:
- Comprensiones permiten construir estructuras de datos de manera concisa.

```
cuadrados = [x**2 for x in range(5)]
dic_cuadrados = {x: x**2 for x in range(5)}
conjunto_cuadrados = {x**2 for x in range(5)}
```

Generadores y Expresiones Generadoras:
- Los generadores son secuencias que se generan sobre la marcha, ocupando menos memoria.
- Se definen utilizando funciones y la palabra clave `yield`.

```
def generador_cuadrados(n):
 for i in range(n):
 yield i**2

cuadrados_gen = generador_cuadrados(5)
```

Ejercicios de Compresiones y Generadores:

Ejercicio 1: Cuadrados de Números
Crear una lista que contenga los cuadrados de los números del 1 al 5 utilizando una comprensión de lista.

Ejercicio 2: Números Pares en un Rango
Crear una lista que contenga los números pares en el rango del 1 al 10 utilizando una comprensión de lista.

Ejercicio 3: Generador de Números Fibonacci
Crear un generador que genere los primeros 5 números de la secuencia Fibonacci.

Ejercicio 4: Números Pares al Cuadrado
Crear un conjunto que contenga los cuadrados de los números pares del 2 al 8 utilizando una comprensión de conjunto.
Ejercicio 5: Lista de Palabras Mayúsculas
Crear una lista que contenga las versiones en mayúsculas de las palabras en una lista dada utilizando una comprensión de lista.

Ejercicio 16: Comprensiones de Listas
Crea una lista llamada cuadrados que contenga los cuadrados de los números del 1 al 10 utilizando una comprensión de lista.

Ejercicio 17: Comprensiones de Diccionarios
Crea un diccionario llamado diccionario_cuadrados que asocie cada número del 1 al 10 con su cuadrado utilizando una comprensión de diccionario.

Ejercicio 18: Comprensiones de Listas con Condición
Crea una lista llamada pares que contenga solo los números pares del 1 al 20 utilizando una comprensión de lista con una condición.

Ejercicio 19: *Generadores*
Crea un generador llamado generador_pares que genere los números pares del 0 al 10.

Ejercicio 20: *Comprensiones de Conjuntos con Condición*
Crea un conjunto llamado cuadrados_impares que contenga los cuadrados de los números impares del 1 al 10 utilizando una comprensión de conjunto con una condición.

• Los resultados sugeridos y simplificados podras verlos en la Pag. 363.

Parte 3: Programación Orientada a Objetos (POO)

Capítulo 8: Introducción a la POO

La Programación Orientada a Objetos (POO) es un paradigma de programación que se basa en el concepto de "objetos". Los objetos son instancias de clases, y una clase es una plantilla o un modelo que define las propiedades y comportamientos comunes de los objetos. La POO se centra en organizar el código de manera que los datos y las funciones que operan sobre esos datos estén encapsulados en objetos.

Clases y Objetos:

● Clases:

● Una clase es una estructura que define un conjunto de atributos y métodos comunes a un grupo de objetos. Los atributos son variables que almacenan información, y los métodos son funciones asociadas a la clase.

```
class Persona:
 def __init__(self, nombre, edad):
 self.nombre = nombre
 self.edad = edad

 def saludar(self):


 print(f"Hola, soy {self.nombre} y tengo
{self.edad} años.")
```

● Objetos:

● Un objeto es una instancia particular de una clase. Se crea a partir de la plantilla definida por la clase y tiene sus propios valores para los atributos.

```
persona1 = Persona("Juan", 25)
persona2 = Persona("Ana", 30)

persona1.saludar()
persona2.saludar()
```

- Aquí, `persona1` y `persona2` son objetos de la clase `Persona`, cada uno con sus propios valores para `nombre` y `edad`. Se llama al método `saludar` para cada objeto.

La POO se basa en cuatro conceptos fundamentales:

Encapsulación: Oculta la implementación interna de los objetos y expone solo lo necesario.
Herencia: Permite que una clase herede propiedades y comportamientos de otra clase.
Polimorfismo: Permite que objetos de diferentes clases respondan al mismo método de manera diferente.
Abstracción: Permite simplificar el mundo real modelando solo los aspectos relevantes.

La POO proporciona una forma de organizar y estructurar el código, facilitando la modularidad y el mantenimiento a medida que los programas crecen en complejidad.

Clases y Objetos:

- Las clases son plantillas para crear objetos.
- Los objetos son instancias de una clase con atributos y métodos.

```
class Persona:
 def __init__(self, nombre, edad):
```

```
self.nombre = nombre
self.edad = edad

persona1 = Persona("Juan", 25)
```

Métodos y Atributos:

- Métodos son funciones dentro de una clase.
- Atributos son variables asociadas a una clase u objeto.

```
class Rectangulo:
 def __init__(self, base, altura):
 self.base = base
 self.altura = altura

 def calcular_area(self):
 return self.base * self.altura

rectangulo1 = Rectangulo(5, 10)
area = rectangulo1.calcular_area()
```

Ejemplos de Clases y Objetos:

Ejercicio 1: Creación de una Clase Mascota

Crea una clase llamada Mascota con los siguientes atributos: nombre, edad y tipo (por ejemplo, "perro" o "gato"). Agrega un método saludar que imprima un saludo personalizado con el nombre de la mascota.

```python
class Mascota:
 def __init__(self, nombre, edad, tipo):
 self.nombre = nombre
 self.edad = edad
 self.tipo = tipo

 def saludar(self):
 print(f"Hola, soy {self.nombre}, un
{self.tipo} de {self.edad} años.")

# Crear una instancia de la clase Mascota
mi_mascota = Mascota("Fido", 3, "perro")
# Llamar al método saludar
mi_mascota.saludar()
```

Ejercicio 2: Creación de una Clase Libro

Crea una clase llamada `Libro` con los siguientes atributos:
`titulo`, `autor` y `anio_publicacion`. Agrega un método
`info` que imprima la información del libro en un formato
legible.

```python
class Libro:
 def __init__(self, titulo, autor,
anio_publicacion):
 self.titulo = titulo
 self.autor = autor
 self.anio_publicacion = anio_publicacion

 def info(self):
 print(f"Libro: {self.titulo}\nAutor:
{self.autor}\nAño de publicación:
{self.anio_publicacion}")
```

135

```
# Crear una instancia de la clase Libro
mi_libro = Libro("El Principito", "Antoine de
Saint-Exupéry", 1943)

# Llamar al método info
mi_libro.info()
```

Ejercicios de Clases y Objetos:

Ejercicio 1: *Definición de Clase*
Crear una clase llamada Persona con atributos como nombre, edad y ocupación.

Ejercicio 2: *Creación de Objetos*
Crear dos objetos de la clase Persona con información diferente y luego imprimir sus atributos.

Ejercicio 3: *Método de la Clase*
Agregar un método a la clase Persona que imprima un saludo usando el nombre de la persona.

Ejercicio 4: *Herencia*
Crear una clase llamada Estudiante que herede de la clase Persona y tenga un atributo adicional, como el grado académico.

Ejercicio 5: *Métodos Especiales*
Agregar el método especial __str__ a la clase Persona para que al imprimir un objeto, muestre información significativa sobre esa persona.

Ejercicio 6: *Modificación de Atributos*

Agregar un método a la clase Persona que permita modificar la edad de la persona.

Ejercicio 7: *Contador de Objetos*
Agregar un atributo de clase a la clase Persona que mantenga un contador de la cantidad total de personas creadas.

Ejercicio 8: *Encapsulamiento*
Modificar la clase Persona para que los atributos sean privados y agregar métodos de acceso (getters y setters) para interactuar con ellos.

Ejercicio 9: *Uso de Propiedades*
Modificar la clase Persona para usar propiedades en lugar de métodos de acceso.

Ejercicio 10: *Instancias Múltiples*
Crear una lista de objetos de la clase Persona y realizar operaciones en ella, como imprimir información de cada persona o modificar sus atributos.

Ejercicio 11: *Creación de una Clase y Objetos*
Crea una clase llamada Persona con atributos como nombre y edad.
Crea un objeto llamado persona1 de la clase Persona con tu propio nombre y edad.
Imprime los valores de nombre y edad del objeto persona1.

Ejercicio 12: *Métodos en una Clase*
Extiende la clase Persona para incluir un método llamado saludar que imprima un saludo usando el nombre de la persona.
Llama al método saludar en el objeto persona1.
*   *Los resultados sugeridos y simplificados podras verlos en la Pag. 365.*

Capítulo 9: Herencia y Polimorfismo

Herencia en Programación Orientada a Objetos (POO):

La herencia es un concepto fundamental en POO que permite a una clase heredar atributos y métodos de otra clase. La clase que hereda se llama "subclase" o "clase derivada", y la clase de la que hereda se llama "superclase" o "clase base". La herencia promueve la reutilización de código y facilita la creación de clases especializadas basadas en clases existentes.

Ejemplo de Herencia:

```
class Animal:
 def __init__(self, nombre):
 self.nombre = nombre

 def hacer_sonido(self):
 pass

class Perro(Animal):
 def hacer_sonido(self):
 return "¡Guau!"
```

```
class Gato(Animal):
 def hacer_sonido(self):
 return "¡Miau!"

perro = Perro("Buddy")
gato = Gato("Whiskers")

print(perro.hacer_sonido()) # Output:
¡Guau!
print(gato.hacer_sonido()) # Output: ¡Miau!
```

En este ejemplo, la clase Perro y la clase Gato heredan de la clase Animal. Ambas subclases tienen un método hacer_sonido que proporciona su propio comportamiento específico.

Polimorfismo en Programación Orientada a Objetos (POO):

El polimorfismo es otro concepto clave en POO y significa "muchas formas". Se refiere a la capacidad de objetos de diferentes clases de responder al mismo método de manera diferente. Esto permite tratar objetos de diferentes clases de manera uniforme si comparten una interfaz común.

Ejemplo de Polimorfismo:

```
def hacer_sonar_animal(animal):
 return animal.hacer_sonido()

perro = Perro("Buddy")
gato = Gato("Whiskers")
```

```
print(hacer_sonar_animal(perro))  # Output:
¡Guau!
print(hacer_sonar_animal(gato))  # Output:
¡Miau!
```

En este ejemplo, la función `hacer_sonar_animal` toma un objeto de la clase `Animal` como parámetro. Debido al polimorfismó, puede llamarse con objetos de las subclases `Perro` y `Gato`, y cada objeto responde al método de manera diferente.

En resumen, la herencia permite a las clases compartir atributos y métodos, mientras que el polimorfismo permite que objetos de diferentes clases se comporten de manera uniforme a través de una interfaz común. Estos conceptos son esenciales para la flexibilidad y la reutilización de código en programación orientada a objetos.

Herencia: Extender Clases:

- Una clase puede heredar atributos y métodos de otra.

```
class Animal:
 def __init__(self, nombre):
 self.nombre = nombre

class Perro(Animal):
 def ladrar(self):
 print("¡Guau!")

perro1 = Perro("Buddy")
```

Polimorfismo: Múltiples Formas:

• Objetos de diferentes clases pueden ser tratados de manera uniforme.

```
def imprimir_nombre(animal):
 print(animal.nombre)

perro = Perro("Fido")
gato = Gato("Whiskers")

imprimir_nombre(perro)
imprimir_nombre(gato)
```

Ejemplos de Herencia y Polimorfismo:

Ejemplo 1: Herencia con Animales

```
class Animal:
 def __init__(self, nombre):
 self.nombre = nombre

 def hacer_sonido(self):

 pass


class Perro(Animal):
 def hacer_sonido(self):
```

```python
        return "Woof!"

class Gato(Animal):
    def hacer_sonido(self):
        return "Meow!"

# Uso de la herencia y polimorfismo
mi_perro = Perro("Buddy")
mi_gato = Gato("Whiskers")

print(mi_perro.nombre + ": " +
mi_perro.hacer_sonido())
print(mi_gato.nombre + ": " +
mi_gato.hacer_sonido())
```

Ejemplo 2: Herencia con Formas Geométricas

```python
class Figura:
    def __init__(self, color):
        self.color = color

    def area(self):
        pass

class Circulo(Figura):
    def __init__(self, color, radio):
        super().__init__(color)
        self.radio = radio

    def area(self):
        return 3.14 * self.radio**2

class Cuadrado(Figura):
    def __init__(self, color, lado):
```

```python
    super().__init__(color)
    self.lado = lado


    def area(self):
    return self.lado**2

# Uso de la herencia y polimorfismo
mi_circulo = Circulo("Rojo", 5)
mi_cuadrado = Cuadrado("Azul", 4)

print(f"Área del círculo: {mi_circulo.area()}
unidades cuadradas")
print(f"Área del cuadrado:
{mi_cuadrado.area()} unidades cuadradas")
```

Ejemplo 3: Herencia con Vehículos

```python
class Vehiculo:
    def __init__(self, marca, modelo):
    self.marca = marca
    self.modelo = modelo

    def conducir(self):
    pass

class Coche(Vehiculo):
    def conducir(self):
    return f"{self.marca} {self.modelo} está en
marcha."

class Moto(Vehiculo):
    def conducir(self):
```

```python
    return f"{self.marca} {self.modelo} está en
movimiento."

# Uso de la herencia y polimorfismo
mi_coche = Coche("Toyota", "Camry")
mi_moto = Moto("Honda", "CBR")

print(mi_coche.conducir())
print(mi_moto.conducir())
```

Ejercicios de Herencia y Polimorfismo:

Ejercicio 1: *Definición de Clases*
Crear una clase base llamada Vehiculo con atributos comunes como marca y modelo.

Ejercicio 2: *Herencia de Vehículos*
Crear clases derivadas como Automovil y Motocicleta que hereden de la clase Vehiculo y tengan atributos adicionales específicos.

Ejercicio 3: *Métodos de Clases Derivadas*
Agregar métodos a las clases derivadas que realicen acciones específicas para cada tipo de vehículo, como arrancar, detenerse, etc.

Ejercicio 4: *Sobreescritura de Métodos*
Sobreescribir el método __str__ en las clases derivadas para mostrar información específica de cada tipo de vehículo al imprimir un objeto.

Ejercicio 5: *Uso de Métodos Comunes*

Crear una lista que contenga tanto objetos de la clase Automovil como de la clase Motocicleta, y llamar a un método común a ambas clases.

Ejercicio 6: Polimorfismo con Funciones
Crear una función que acepte un objeto de tipo Vehiculo como parámetro y realice una acción común a todos los vehículos.

Ejercicio 7: Uso de Super()
Utilizar la función super() para llamar a un método de la clase base desde una clase derivada.

Ejercicio 8: Añadiendo Atributos Específicos
Agregar atributos específicos a la clase base Vehiculo y asegurarse de que las clases derivadas los hereden y utilicen.

Ejercicio 9: Herencia Múltiple
Crear una clase que herede de dos clases base diferentes y utilice atributos y métodos de ambas.

Ejercicio 10: Polimorfismo con Listas
Crear una lista que contenga objetos de diferentes clases derivadas y utilizar un bucle para realizar acciones comunes a todos los elementos de la lista.

Ejercicio 11: Herencia y Métodos Especiales
Crea una clase llamada Estudiante que herede de la clase Persona. Agrega un atributo adicional a la clase Estudiante, por ejemplo, materia.
Sobrescribe el método saludar en la clase Estudiante para incluir también el nombre de la materia.
Crea un objeto llamado estudiante1 y llama al método saludar.

Ejercicio 12: Encapsulamiento y Propiedades
Modifica la clase Persona para que los atributos sean privados y utiliza propiedades para acceder y modificar estos atributos.

Agrega una propiedad llamada mayor_de_edad que devuelva True si la persona tiene más de 18 años, y False en caso contrario.
Imprime el valor de la propiedad mayor_de_edad para el objeto persona1.

Ejercicio 13: Métodos Estáticos
Agrega un método estático llamado es_mayor_de_edad en la clase Persona que tome la edad como parámetro y devuelva True si es mayor de 18, y False en caso contrario.
Utiliza el método estático para verificar si una persona con edad 25 es mayor de edad.

- Los resultados sugeridos y simplificados podras verlos en la Pag. 370.

Parte 4: Manejo de Errores y Excepciones

Capítulo 10: Manejo de Errores

Manejo de Errores en Python:

El manejo de errores, también conocido como excepciones, es una parte esencial de la programación para garantizar que un programa pueda manejar situaciones imprevistas y errores durante su ejecución. En Python, se utilizan bloques `try`, `except` y `finally` para manejar excepciones.

Ejemplo Básico:

```
try:
 # Código que puede generar una excepción
 resultado = 10 / 0
except ZeroDivisionError:
 # Manejo específico de la excepción
 print("¡Error! División por cero.")
else:
 # Código a ejecutar si no hay excepciones
 print("La división fue exitosa.")
finally:
 # Código que siempre se ejecuta, haya o no
excepción
 print("Bloque finally.")
```

En este ejemplo:

- El bloque `try` contiene el código que podría generar una excepción.
- El bloque `except` especifica cómo manejar una excepción específica (`ZeroDivisionError` en este caso).
- El bloque `else` se ejecuta si no se generó ninguna excepción en el bloque `try`.
- El bloque `finally` contiene código que se ejecutará siempre, ya sea que haya una excepción o no.

Manejo de Excepciones Genéricas:

```
 try:
 resultado = int("abc")
except Exception as e:
 print(f"¡Error! {e}")
```

En este ejemplo, `Exception` es una clase base para todas las excepciones en Python. Capturar `Exception` permite manejar cualquier tipo de excepción, pero generalmente se recomienda manejar excepciones específicas cuando sea posible.

Lanzar Excepciones:

```
def dividir(a, b):
 if b == 0:
 raise ValueError("¡Error! División por
cero.")
 return a / b

try:
 resultado = dividir(10, 0)
except ValueError as e:
 print(e)
```

En este ejemplo, la función `dividir` lanza una excepción `ValueError` si se intenta dividir por cero. La excepción se captura y se imprime el mensaje de error.

El manejo de errores es crucial para mejorar la robustez de los programas y proporcionar información útil sobre los problemas que puedan surgir durante la ejecución. Sin embargo, es importante usarlo con moderación y evitar capturar excepciones de manera demasiado general, ya que esto puede hacer que sea difícil depurar problemas en el código.

Tipos de Errores:

• Errores pueden ser de sintaxis, de tiempo de ejecución o lógicos.

```
try:
 resultado = 10 / 0
except ZeroDivisionError as e:
 print(f"Error: {e}")
```

Instrucciones try, except:

• `try` permite probar un bloque de código en busca de errores.
• `except` captura y maneja los errores.

```
try:
 edad = int(input("Ingrese su edad: "))
except ValueError:
 print("Entrada no válida. Ingrese un número.")
```

Ejemplos de Errores y Excepciones:

Ejemplo 1: División por Cero

```python
try:
    numerador = int(input("Ingrese el numerador: "))
    denominador = int(input("Ingrese el denominador: "))

    resultado = numerador / denominador
    print("Resultado:", resultado)

except ZeroDivisionError:
    print("Error: No se puede dividir por cero.")

except ValueError:
    print("Error: Ingrese números enteros válidos.")
```

En este ejemplo, el programa solicita al usuario dos números, intenta realizar la división y maneja dos posibles excepciones: ZeroDivisionError si el denominador es cero, y ValueError si el usuario ingresa algo que no es un número entero.

Ejemplo 2: Lectura de Archivo

```python
try:
    nombre_archivo = input("Ingrese el nombre del archivo: ")

    with open(nombre_archivo, 'r') as archivo:
        contenido = archivo.read()
```

```
print("Contenido del archivo:")
print(contenido)

except FileNotFoundError:
 print(f"Error: El archivo '{nombre_archivo}'
no existe.")

except Exception as e:
 print(f"Error inesperado: {e}")
```

En este ejemplo, el programa intenta abrir y leer un archivo proporcionado por el usuario. Maneja la excepción `FileNotFoundError` si el archivo no existe y también captura cualquier otra excepción utilizando `Exception` para mostrar un mensaje genérico de error.

Ejercicios de Errores y Excepciones:

Ejercicio 1: *Manejo de Errores Básico.*
Escribir un programa que solicite al usuario dos números y realice la división. Implementar el manejo de excepciones para evitar errores si el usuario ingresa una cadena en lugar de un número.

Ejercicio 2: *Excepción Personalizada*
Crear una excepción personalizada llamada MiError y escribir un programa que la utilice para manejar situaciones específicas.

Ejercicio 3: *División por Cero.*

Escribir un programa que solicite al usuario dos números y realice la división. Manejar la excepción de división por cero si el segundo número es cero.

Ejercicio 4: *Archivo Inexistente.*
Escribir un programa que intente abrir un archivo, pero maneje la excepción si el archivo no existe.

Ejercicio 5: *Validación de Entrada.*
Escribir un programa que solicite al usuario ingresar un número. Utilizar un bucle para asegurarse de que se ingrese un número válido y manejar la excepción si se ingresa algo que no es un número.

Ejercicio 6: *Manejo de Errores Básico.*
Escribe una función llamada dividir que tome dos números como parámetros y devuelva el resultado de la división.
Llama a la función dividir con un denominador de 0 y maneja la excepción que se genera.

Ejercicio 7: *Instrucciones try, except, else y finally*
Escribe un programa que pida al usuario que ingrese un número.
Utiliza un bloque try para intentar convertir la entrada a un entero.
Si la conversión tiene éxito, imprime el número multiplicado por 2 en un bloque else.
Utiliza un bloque finally para imprimir un mensaje "Operación completada" independientemente del resultado.

Ejercicio 8: *Personalizando Excepciones*
Define una excepción personalizada llamada NumeroNegativoError. Escribe una función llamada calcular_raiz_cuadrada que tome un número como parámetro y devuelva la raíz cuadrada si el número es no negativo.
Si el número es negativo, lanza la excepción NumeroNegativoError. Llama a la función con varios números, algunos negativos, y maneja la excepción.

Ejercicio 9: *Encadenamiento de Excepciones*
Escribe una función llamada dividir_seguro que tome dos números como parámetros y devuelva el resultado de la división.
En caso de que ocurra una excepción durante la división, imprime un mensaje apropiado.
Llama a la función dividir_seguro con un divisor de 0 y maneja la excepción.

Ejercicio 10: *Lectura de Archivo con Manejo de Errores.*
Intenta abrir un archivo llamado archivo.txt para lectura.
Maneja las excepciones que puedan ocurrir durante la apertura del archivo, como FileNotFoundError.
Lee el contenido del archivo y maneja cualquier excepción que pueda ocurrir durante la lectura.

- Los resultados sugeridos y simplificados podras verlos en la Pag. 370.

Parte 5: Módulos Esenciales

Capítulo 11: Trabajo con Archivos

Trabajo con Archivos en Python:

Python proporciona funciones y métodos integrados para trabajar con archivos. Puedes realizar operaciones como lectura, escritura y manipulación de archivos de texto y binarios.

Abrir y Cerrar Archivos:

```
# Abrir un archivo para escritura (creará
el archivo si no existe)
with open("archivo.txt", "w") as archivo:
 archivo.write("Hola, mundo!")

# Abrir un archivo para lectura
with open("archivo.txt", "r") as archivo:
 contenido = archivo.read()
 print(contenido)
```

El uso del bloque `with` garantiza que el archivo se cierre correctamente después de su uso.

Modos de Apertura de Archivos:

- `"r"`: Lectura (por defecto).
- `"w"`: Escritura (crea un archivo nuevo o sobrescribe el existente).
- `"a"`: Adjuntar (agrega contenido al final del archivo).
- `"b"`: Modo binario.
- `"x"`: Crear (crea un nuevo archivo, devuelve error si ya existe).

Lectura de Líneas:

```
with open("archivo.txt", "r") as archivo:
```

```
lineas = archivo.readlines()
for linea in lineas:
print(linea.strip()) # strip() elimina los
caracteres de nueva línea al final
```

Escritura de Líneas:

```
with open("archivo.txt", "w") as archivo:
 archivo.write("Línea 1\nLínea 2\nLínea 3")
```

Lectura y Escritura Binaria:

```
with open("imagen.jpg", "rb") as
archivo_binario:
 datos = archivo_binario.read()

with open("copia_imagen.jpg", "wb") as
archivo_copia:
 archivo_copia.write(datos)
```

En este ejemplo, se lee una imagen en modo binario y se crea una copia de la misma.

Estos son solo ejemplos básicos. Python proporciona más funcionalidades, como el uso del módulo `csv` para archivos CSV, el módulo `json` para archivos JSON, y otros para diferentes tipos de archivos.

Recuerda manejar adecuadamente las excepciones al trabajar con archivos y cerrarlos correctamente para evitar posibles problemas.

Lectura y Escritura de Archivos:

- Python ofrece funciones para trabajar con archivos.

```
with open("archivo.txt", "r") as
archivo_lectura:
 contenido = archivo_lectura.read()

with open("nuevo_archivo.txt", "w") as
archivo_escritura:
 archivo_escritura.write("Hola, mundo!")
```

Manipulación de Rutas:

- El módulo `os.path` permite manipular rutas de archivos.

```
import os

ruta_actual = os.getcwd()
ruta_completa = os.path.join(ruta_actual,
"archivo.txt")
```

Ejemplos:

Ejercicio 51: Abrir y Leer un Archivo de Texto

156

Crea un archivo de texto llamado `ejemplo.txt` con el siguiente contenido:

```
Hola, este es un ejemplo de archivo de
texto.
Línea 1
Línea 2
Fin del archivo.
```

Luego, crea un programa en Python que abra y lea el contenido de este archivo.

```python
# Abrir y leer un archivo de texto
nombre_archivo = "ejemplo.txt"


try:
 with open(nombre_archivo, "r") as archivo:
 contenido = archivo.read()
 print("Contenido del archivo:")
 print(contenido)
except FileNotFoundError:
 print(f"Error: El archivo {nombre_archivo}
no fue encontrado.")
except Exception as e:
 print(f"Error: {e}")
```

Ejercicio 52: Escribir en un Archivo de Texto

Modifica el programa anterior para abrir el archivo en modo escritura (`"w"`) y añadir algunas líneas al final del archivo.

```
# Abrir y escribir en un archivo de texto
nombre_archivo = "ejemplo.txt"


try:
 with open(nombre_archivo, "a") as archivo:
 archivo.write("\nNuevas líneas
añadidas.\n")
except FileNotFoundError:
 print(f"Error: El archivo {nombre_archivo}
no fue encontrado.")
except Exception as e:
 print(f"Error: {e}")


# Leer el contenido actualizado
with open(nombre_archivo, "r") as archivo:
 contenido_actualizado = archivo.read()
 print("\nContenido actualizado del
archivo:")
 print(contenido_actualizado)
```

Ejercicios de Trabajos con Archivo.

Ejercicio 1. *Crear un Archivo:*
Crea un archivo de texto llamado "mi_archivo.txt" y escribe algunas líneas de texto.

Ejercicio 2. *Leer un Archivo:*

Lee el contenido del archivo "mi_archivo.txt" y muestra su contenido en la consola.

Ejercicio 3. Agregar Contenido:
Agrega más líneas de texto al archivo "mi_archivo.txt" sin borrar el contenido existente.

Ejercicio 4. Copiar Contenido:
Crea un nuevo archivo llamado "copia_mi_archivo.txt" y copia el contenido de "mi_archivo.txt" en él.

Ejercicio 5. Contar Palabras:
Lee el contenido de "mi_archivo.txt" y cuenta cuántas palabras hay en total.

Ejercicio 6. Buscar y Reemplazar:
Busca una palabra específica en "mi_archivo.txt" y reemplázala con otra palabra.

Ejercicio 7. Ordenar Líneas:
Lee las líneas de "mi_archivo.txt", ordénalas alfabéticamente y guarda el resultado en un nuevo archivo.

Ejercicio 8. Eliminar Línea Específica:
Elimina una línea específica del archivo "mi_archivo.txt" y guarda el resultado.

Ejercicio 9. Crear CSV:
Crea un archivo CSV llamado "mi_csv.csv" y escribe algunas filas de datos en él.

Ejercicio 10. Leer CSV:
Lee el contenido del archivo CSV "mi_csv.csv" e imprime cada fila en la consola.

Los resultados sugeridos y simplificados podras verlos en la Pag. 379.

Capítulo 12: Módulos de Python Esenciales.

Python incluye una amplia variedad de módulos y bibliotecas estándar que cubren diversas áreas de programación. Aquí hay algunos módulos esenciales que se utilizan con frecuencia:

`datetime`: **Manipulación de fechas y horas.**

El módulo `datetime` en Python proporciona clases para manipular fechas y horas de manera más conveniente.

```
from datetime import datetime

ahora = datetime.now()
print(ahora)
```

Ejemplo de su uso:

Aquí tienes un ejemplo de cómo usar el módulo datetime para trabajar con fechas y horas en Python:

160

```python
import datetime

# Obtener la fecha y hora actual
fecha_hora_actual = datetime.datetime.now()


print("Fecha y hora actual:", fecha_hora_actual)

# Obtener solo la fecha actual
fecha_actual = datetime.date.today()


print("Fecha actual:", fecha_actual)

# Obtener solo la hora actual
hora_actual = datetime.datetime.now().time()
print("Hora actual:", hora_actual)

# Crear un objeto datetime específico
fecha_hora_personalizada =
datetime.datetime(2023, 12, 31, 23, 59, 59)
print("Fecha y hora personalizada:",
fecha_hora_personalizada)

# Calcular la diferencia entre dos fechas
fecha_1 = datetime.date(2022, 1, 1)
fecha_2 = datetime.date(2023, 1, 1)
diferencia = fecha_2 - fecha_1
print("Diferencia de días entre 2022-01-01 y
2023-01-01:", diferencia.days)

# Formatear una fecha como una cadena de texto
fecha_formateada =
fecha_actual.strftime("%d/%m/%Y")
print("Fecha formateada:", fecha_formateada)
```

```
# Convertir una cadena de texto en un objeto
datetime
fecha_string = "25/12/2022"
fecha_convertida =
datetime.datetime.strptime(fecha_string,
"%d/%m/%Y")
print("Fecha convertida:", fecha_convertida)
```

Este es solo un ejemplo básico de algunas operaciones comunes que se pueden realizar con el módulo `datetime`. Puedes experimentar más con las diferentes clases y métodos que ofrece este módulo para adaptarlas a tus necesidades específicas.

`math`: **Funciones matemáticas.**

El módulo `math` es una biblioteca estándar de Python que proporciona funciones y constantes matemáticas para realizar operaciones avanzadas. Este módulo permite realizar cálculos matemáticos más complejos que los operadores aritméticos básicos proporcionados por Python.

```
import math

raiz_cuadrada = math.sqrt(25)
print(raiz_cuadrada)
```

Aquí tienes un ejemplo de cómo puedes usar el módulo `math`:

```python
import math

# Calcula la raíz cuadrada de un número
numero = 25
raiz_cuadrada = math.sqrt(numero)
print("La raíz cuadrada de", numero, "es:",
raiz_cuadrada)

# Calcula el seno de un ángulo en radianes
angulo_rad = math.radians(90) # Convierte 90
grados a radianes
seno = math.sin(angulo_rad)
print("El seno de 90 grados es:", seno)


# Calcula el logaritmo natural de un número
numero_log = 10


logaritmo = math.log(numero_log)
print("El logaritmo natural de", numero_log,
"es:", logaritmo)

# Constantes matemáticas
print("El valor de pi es:", math.pi)
print("El valor de e (número de Euler) es:",
math.e)
```

Este es solo un ejemplo básico de algunas funciones y constantes que ofrece el módulo `math`. Puedes explorar más sobre las diversas funciones y constantes matemáticas que proporciona este módulo en la documentación oficial de Python.

`random`: **Generación de números aleatorios.**

El módulo `random` es una biblioteca estándar de Python que proporciona funciones para generar números aleatorios. Permite realizar operaciones relacionadas con la generación de números pseudoaleatorios, como la selección aleatoria de elementos de una secuencia, la generación de números aleatorios dentro de un rango específico, entre otras.

```
import random

numero_aleatorio = random.randint(1, 100)
print(numero_aleatorio)
```

Aquí tienes un ejemplo de cómo puedes usar el módulo `random`:

```
import random

# Genera un número aleatorio entre 0 y 1
numero_aleatorio = random.random()


print("Número aleatorio entre 0 y 1:",
numero_aleatorio)


# Genera un número entero aleatorio dentro de un
rango específico
numero_entero_aleatorio = random.randint(1, 100)
# Número aleatorio entre 1 y 100
```

164

```
print("Número entero aleatorio entre 1 y 100:",
numero_entero_aleatorio)

# Selección aleatoria de un elemento de una
lista

colores = ["rojo", "verde", "azul", "amarillo",
"naranja"]
color_aleatorio = random.choice(colores)
print("Color aleatorio seleccionado:",
color_aleatorio)

# Mezcla aleatoria de los elementos de una lista
random.shuffle(colores)
print("Lista de colores mezclada
aleatoriamente:", colores)
```

Este es solo un ejemplo básico de algunas funciones que ofrece el módulo `random`. Puedes explorar más sobre las diversas funciones que proporciona este módulo en la documentación oficial de Python.

`os`: **Interfaz con el sistema operativo.**

El módulo `os` es una biblioteca estándar de Python que proporciona funciones para interactuar con el sistema operativo. Permite realizar una variedad de operaciones relacionadas con archivos, directorios, rutas de archivos, variables de entorno, entre otras.

```
import os

directorio_actual = os.getcwd()
print(directorio_actual)
```

Aquí tienes un ejemplo de cómo puedes usar el módulo os:

```
import os

# Obtener el directorio de trabajo actual
directorio_actual = os.getcwd()

print("Directorio de trabajo actual:",
directorio_actual)

# Crear un nuevo directorio
nuevo_directorio = "nuevo_directorio"
os.mkdir(nuevo_directorio)
print("Directorio '{}'
creado.".format(nuevo_directorio))

# Comprobar si un archivo o directorio existe
archivo_existente =
os.path.exists("archivo_existente.txt")
print("¿El archivo 'archivo_existente.txt'
existe?", archivo_existente)

# Listar archivos y directorios en un directorio
contenido_directorio =
os.listdir(directorio_actual)


print("Contenido del directorio actual:",
contenido_directorio)
```

```python
# Cambiar el nombre de un archivo o directorio
os.rename("archivo_existente.txt",
"archivo_renombrado.txt")
print("El archivo 'archivo_existente.txt' ha
sido renombrado como 'archivo_renombrado.txt'.")

# Eliminar un archivo
os.remove("archivo_renombrado.txt")
print("El archivo 'archivo_renombrado.txt' ha
sido eliminado.")


# Eliminar un directorio
os.rmdir(nuevo_directorio)
print("El directorio '{}' ha sido
eliminado.".format(nuevo_directorio))
```

Este es solo un ejemplo básico de algunas funciones que
ofrece el módulo os. Puedes explorar más sobre las diversas
funciones que proporciona este módulo en la documentación
oficial de Python.

json: **Manipulación de datos en formato JSON.**

El módulo json en Python es una biblioteca estándar que
proporciona funciones para trabajar con datos en formato
JSON (JavaScript Object Notation). JSON es un formato de
intercambio de datos ampliamente utilizado debido a su
simplicidad y legibilidad, y es comúnmente utilizado en
aplicaciones web y servicios web para transmitir datos entre el
cliente y el servidor.

El módulo `json` en Python ofrece funciones para serializar (convertir objetos Python en cadenas JSON) y deserializar (convertir cadenas JSON en objetos Python) datos. Esto es útil para leer y escribir archivos JSON, así como para trabajar con datos JSON en la memoria.

```
import json

datos = {"nombre": "Juan", "edad": 30}
datos_json = json.dumps(datos)
print(datos_json)
```

Aquí tienes un ejemplo básico de cómo puedes usar el módulo `json` para serializar y deserializar datos:

```
import json

# Serializar un diccionario Python a una cadena
JSON
datos = {"nombre": "Juan", "edad": 30, "ciudad":
"México"}
cadena_json = json.dumps(datos)
print("Datos serializados como JSON:",
cadena_json)



# Deserializar una cadena JSON a un diccionario
Python
cadena_json = '{"nombre": "María", "edad": 25,
"ciudad": "Madrid"}'
datos = json.loads(cadena_json)
print("Datos deserializados desde JSON:", datos)
```

En este ejemplo, `json.dumps()` se utiliza para convertir el diccionario `datos` en una cadena JSON, y `json.loads()` se utiliza para convertir la cadena JSON de vuelta a un diccionario Python.

El módulo `json` también proporciona funciones para trabajar con archivos JSON, como `json.dump()` para escribir datos en un archivo JSON y `json.load()` para leer datos desde un archivo JSON. Esto facilita el intercambio de datos estructurados entre diferentes sistemas y lenguajes de programación que admiten el formato JSON.

`urllib`: **Manipulación de URLs y acceso a recursos en la web**.

El módulo `urllib` en Python es una biblioteca estándar que proporciona herramientas para trabajar con URLs (Uniform Resource Locators). Permite realizar varias operaciones relacionadas con la red, como abrir y leer URLs, enviar solicitudes HTTP, manejar cookies, entre otras.

```
from urllib import request

respuesta =
request.urlopen("https://www.ejemplo.com")
contenido = respuesta.read()
print(contenido)
```

169

Aquí tienes un ejemplo básico de cómo puedes usar el módulo `urllib` para abrir y leer una página web:

```
import urllib.request

# URL de la página a leer


url = "https://www.ejemplo.com"

# Abrir y leer la URL
with urllib.request.urlopen(url) as response:


 contenido = response.read()

# Imprimir el contenido de la página
print(contenido.decode("utf-8"))
```

En este ejemplo, usamos `urllib.request.urlopen()` para abrir la URL especificada y obtener un objeto de respuesta. Luego, usamos el método `read()` del objeto de respuesta para leer el contenido de la página web. Finalmente, imprimimos el contenido decodificado en UTF-8.

Además de abrir y leer URLs, el módulo `urllib` también proporciona funciones para enviar solicitudes HTTP, trabajar con cookies, manejar redirecciones, entre otras funcionalidades útiles para interactuar con recursos en la web.

sys: **Funcionalidades específicas del sistema.**

El módulo sys es un módulo incorporado en Python que proporciona acceso a algunas variables y funciones específicas del intérprete de Python. Algunas de las funciones y variables útiles que se pueden utilizar incluyen el manejo de argumentos de línea de comandos, manipulación de la configuración del intérprete y el entorno, y funciones relacionadas con la finalización del programa.

```
import sys

argumentos_linea_comandos = sys.argv
print(argumentos_linea_comandos)
```

Aquí tienes un ejemplo básico de cómo puedes usar el módulo sys para acceder a los argumentos de línea de comandos proporcionados al ejecutar un script Python:

```
import sys

# Imprimir los argumentos de línea de comandos
print("Argumentos de línea de comandos:",
sys.argv)

# Imprimir la cantidad de argumentos (incluyendo
el nombre del script)
print("Cantidad de argumentos:", len(sys.argv))


# Iterar sobre los argumentos y mostrarlos uno
por uno
```

171

```
for i, arg in enumerate(sys.argv):
 print(f"Argumento {i}: {arg}")
```

En este ejemplo, `sys.argv` es una lista que contiene todos los argumentos pasados al script Python en la línea de comandos, donde `sys.argv[0]` es el nombre del script en sí y los elementos subsiguientes son los argumentos proporcionados por el usuario.

El módulo `sys` también proporciona otras funciones y variables útiles, como `sys.exit()` para salir del programa con un código de estado especificado, `sys.platform` para obtener el nombre de la plataforma en la que se está ejecutando

`re`: Expresiones regulares.

El módulo `re` es un módulo incorporado en Python que proporciona operaciones de expresiones regulares. Las expresiones regulares son patrones de búsqueda de texto que se utilizan para encontrar coincidencias dentro de cadenas de texto.

```
import re

patron = r"\b\w{4,}\b"
texto = "Python es un lenguaje de programación
poderoso y versátil."
coincidencias = re.findall(patron, texto)
```

172

```
print(coincidencias)
```

Aquí tienes un ejemplo básico de cómo puedes usar el módulo
re para buscar patrones dentro de una cadena de texto:

```
import re

# Cadena de texto de ejemplo
texto = "Python es un lenguaje de programación
poderoso y fácil de aprender."

# Patrón de búsqueda
patron = r"\b\w{6}\b" # Buscar palabras de
exactamente 6 caracteres de longitud


# Buscar coincidencias utilizando el método
re.findall()
coincidencias = re.findall(patron, texto)


# Imprimir las coincidencias encontradas
print("Palabras de 6 caracteres encontradas:")
for palabra in coincidencias:
 print(palabra)
```

En este ejemplo, r"\b\w{6}\b" es una expresión regular que
busca palabras de exactamente 6 caracteres de longitud. Al
utilizar re.findall() con este patrón y la cadena de texto de
ejemplo, obtenemos una lista de todas las palabras que
coinciden con el patrón.

El módulo `re` proporciona varias funciones y métodos para trabajar con expresiones regulares, como `re.search()` para buscar la primera ocurrencia de un patrón, `re.match()` para buscar un patrón al principio de una cadena, `re.sub()` para reemplazar texto basado en un patrón, entre otros. Es una herramienta poderosa para la manipulación avanzada de cadenas de texto.

Ejercicios de Módulos Escenciales:

Ejercicio 1: *Trabajo con la Librería math*
Calcular y mostrar el seno, coseno y tangente de un ángulo dado utilizando el módulo math.

Ejercicio 2: *Números Aleatorios con random*
Generar un número aleatorio entre 1 y 10 utilizando el módulo random.

Ejercicio 3: *Trabajo con Fechas y Horas (datetime)*
Mostrar la fecha y hora actuales utilizando el módulo datetime.
Ejercicio 4: *Manipulación de Archivos (os y shutil)*

Crear un directorio, crear un archivo en ese directorio y luego copiar ese archivo a otro lugar utilizando los módulos os y shutil.
Ejercicio 5: *Uso de JSON (json)*
Crear un diccionario con información y luego convertirlo a formato JSON utilizando el módulo json.

Ejercicio 6: *Uso de sys para Argumentos de la Línea de Comandos*
Escribir un script que tome argumentos de la línea de comandos utilizando el módulo sys.
Ejercicio 7: *Trabajo con Rutas de Archivos (os.path)*

Mostrar el directorio actual y luego unir dos rutas utilizando el módulo os.path.

Ejercicio 8: *Uso de calendar para Mostrar un Calendario*
Mostrar un calendario de un mes específico utilizando el módulo calendar.

Ejercicio 9: *Manipulación de Listas (collections)*
Contar la frecuencia de elementos en una lista utilizando Counter del módulo collections.

Ejercicio 10: *Trabajo con Excepciones (try, except)*
Escribir un script que maneje una excepción (por ejemplo, división por   cero) utilizando bloques try y except.

• *Los resultados sugeridos y simplificados podras verlos en la Pag. 354.*

Uso de Bibliotecas en Python.

Las bibliotecas en Python son conjuntos de módulos y funciones predefinidos que proporcionan funcionalidades específicas. Al utilizar bibliotecas, los programadores pueden aprovechar el trabajo previo de otros para realizar tareas comunes sin tener que escribir todo desde cero. Aquí hay una breve explicación del uso de bibliotecas en Python:

Importación de Bibliotecas:

- Para utilizar una biblioteca en Python, primero debes importarla en tu script. Puedes importar una biblioteca completa o partes específicas de ella.

```
import nombre_de_biblioteca
from nombre_de_biblioteca import modulo
```

Uso de Funciones y Módulos:
- Después de importar una biblioteca, puedes utilizar sus funciones y módulos según sea necesario en tu código.

```
nombre_de_biblioteca.funcion()
resultado =
nombre_de_biblioteca.modulo.metodo()
```

Instalación de Bibliotecas Externas:
- Además de las bibliotecas que forman parte de la biblioteca estándar de Python, existen muchas bibliotecas externas que puedes instalar utilizando herramientas como pip.

```
pip install nombre_de_biblioteca
```

Documentación y Ayuda:
- La documentación de la biblioteca es una fuente crucial de información. Puedes encontrar ejemplos, descripciones de funciones y detalles de uso en la documentación oficial.

```
help(nombre_de_biblioteca)
```

Principales Bibliotecas en Python:

NumPy: Biblioteca para operaciones numéricas y manipulación de matrices.

Pandas: Ofrece estructuras de datos y herramientas para el análisis de datos.

Matplotlib: Para la creación de gráficos y visualizaciones de datos.

Requests: Simplifica la realización de solicitudes HTTP.

Beautiful Soup: Facilita el análisis de documentos HTML y XML.

Scikit-learn: Ofrece herramientas para aprendizaje automático y minería de datos.

Django: Marco de desarrollo web para la creación de aplicaciones web robustas.

Flask: Marco de desarrollo web ligero y flexible.

TensorFlow y PyTorch: Bibliotecas populares para el aprendizaje profundo y la inteligencia artificial.

OpenCV: Biblioteca de visión por computadora para procesamiento de imágenes y videos.

SQLite3: Módulo de base de datos SQLite integrado en Python.

OS y shutil: Módulos para operaciones del sistema operativo y manipulación de archivos.

datetime: Módulo para trabajar con fechas y horas.

Random: Módulo para generación de números aleatorios.

Tkinter: Módulo para la creación de interfaces gráficas de usuario (GUI).

Estas son solo algunas de las muchas bibliotecas disponibles en Python. La elección de la biblioteca depende del tipo de proyecto que estés desarrollando, ya que cada biblioteca se especializa en un área específica. La comunidad de Python es conocida por su amplia variedad de bibliotecas y la documentación exhaustiva que las acompaña.

Ejemplo 1: Uso de la Biblioteca `math` para Operaciones Matemáticas

```python
import math

# Calcular la raíz cuadrada de un número
numero = 25
raiz_cuadrada = math.sqrt(numero)
print(f"La raíz cuadrada de {numero} es:
{raiz_cuadrada}")

# Calcular el seno de un ángulo en radianes
angulo_radianes = math.radians(90)
seno_angulo = math.sin(angulo_radianes)
print(f"El seno de 90 grados es:
{seno_angulo}")
```

Ejemplo 2: Uso de la Biblioteca `random` para Generar Números Aleatorios

```
import random

# Generar un número entero aleatorio entre 1 y
10
numero_aleatorio = random.randint(1, 10)

print(f"Número aleatorio: {numero_aleatorio}")

# Elegir un elemento aleatorio de una lista
opciones = ["rojo", "verde", "azul"]
color_aleatorio = random.choice(opciones)
print(f"Color aleatorio: {color_aleatorio}")
```

Ejemplo 3: Uso de la Biblioteca `requests` para Hacer Solicitudes HTTP

```
import requests

# Hacer una solicitud HTTP GET a una API de
prueba
url =
"https://jsonplaceholder.typicode.com/posts/1"
respuesta = requests.get(url)

# Verificar el código de estado de la
respuesta
if respuesta.status_code == 200:
```

179

```
# Imprimir el contenido de la respuesta en
formato JSON
contenido_json = respuesta.json()
print("Contenido de la respuesta:")
print(contenido_json)
else:
print(f"Error al hacer la solicitud. Código
de estado: {respuesta.status_code
```

Ejercicios de uso de Bibliotecas:

Ejercicio 1: *Operaciones Matemáticas con math*
Realiza las siguientes operaciones utilizando la biblioteca math:
Calcula la raíz cuadrada de 144.
Calcula el valor absoluto de -7.
Calcula el seno de un ángulo de 45 grados.

Ejercicio 2: *Números Aleatorios con random*
Genera un programa que:
Genere un número aleatorio entre 1 y 100.
Lanzamiento de un dado (generar un número aleatorio entre 1 y 6).

Ejercicio 3: *Validación de Contraseña con re*
Crea una función que utilice la biblioteca re para validar si una contraseña cumple con los siguientes criterios:
Al menos 8 caracteres.
Al menos una letra minúscula y una mayúscula.
Al menos un número.

Ejercicio 4: *Conversión de Unidades con datetime*
Crea un programa que:
Obtenga la fecha y hora actual utilizando la biblioteca datetime.

Convierta la fecha y hora a un formato legible.

Ejercicio 5: *Manipulación de Listas con collections*
Utiliza el módulo collections para:
Contar la frecuencia de elementos en una lista dada.
Encontrar el elemento más común en la lista.

Ejercicio 6: *Solicitud de API con requests*
Hace una solicitud a la API JSONPlaceholder
(https://jsonplaceholder.typicode.com/) utilizando la biblioteca
requests y muestra el título del primer post.

Ejercicio 7: *Creación de un Archivo con os y shutil*
Crea un programa que:
Cree un directorio llamado "datos".
Cree un archivo dentro de ese directorio y escriba algún contenido
en él.

Ejercicio 8: *Extracción de Correos Electrónicos con re*
Dado un texto, utiliza la biblioteca re para encontrar y mostrar todos
los correos electrónicos presentes en el texto.

Ejercicio 9: *Cálculo de Factorial con math*
Implementa una función que utilice math.factorial para calcular el
factorial de un número dado por el usuario.

Ejercicio 10: *Creación de un Gráfico Simple con matplotlib*
Utiliza la biblioteca matplotlib para crear un gráfico simple de una
función matemática, por ejemplo, el seno.

Ejercicio 11: *Codificación y Decodificación de Texto con base64*
Crea un programa que solicite al usuario ingresar un mensaje de
texto, luego codifica y decodifica ese mensaje utilizando el módulo
base64.

Ejercicio 12: *Manipulación de Fechas con datetime*

Escribe un programa que obtenga la fecha actual y muestre el día de la semana. Luego, suma 7 días a la fecha actual e imprime la nueva fecha.

Ejercicio 13: Creación de un Diccionario con json
Crea un programa que:
Pida al usuario ingresar información sobre una persona (nombre, edad, ciudad).
Almacene esa información en un diccionario.
Utilice el módulo json para convertir el diccionario a una cadena JSON y luego imprímelo.

Ejercicio 14: Manipulación de Archivos con os
Crea un programa que:
Verifique si un archivo llamado "datos.txt" existe en el directorio actual.
Si existe, ábrelo y muestra su contenido. Si no existe, crea el archivo y escribe algo en él.

Ejercicio 15: Uso de la Biblioteca random para Barajar una Baraja
Crea un programa que simule el barajado de una baraja de cartas utilizando la biblioteca random. Puedes representar las cartas como tuplas con valores y palos.

Los resultados sugeridos y simplificados podras verlos en la Pag. 382.

Parte 6: Temas Avanzados

Capítulo 13: Expresiones Regulares

Las expresiones regulares, también conocidas como regex o regexp, son secuencias de caracteres que forman un patrón de búsqueda. Estas expresiones se utilizan para buscar, extraer y manipular cadenas de texto de manera eficiente. En Python, el módulo `re` proporciona funciones y clases para trabajar con expresiones regulares.

Aquí hay algunos conceptos clave relacionados con expresiones regulares:

Patrones Básicos:
* Texto Literal: Coincide exactamente con el texto especificado.

```
import re

patron = r"Python"
texto = "Aprendiendo Python"
coincidencia = re.search(patron, texto)
```

* Caracteres Especiales: Algunos caracteres tienen significados especiales en expresiones regulares, como . (cualquier caracter), * (cero o más repeticiones), + (una o más repeticiones), ? (cero o una repetición), entre otros.

Clases de Caracteres:
* Definen un conjunto de caracteres posibles en una posición determinada.

```
import re

patron = r"[aeiou]"


texto = "Hola"
coincidencia = re.search(patron, texto)
```

Cuantificadores:
* Especifican cuántas veces debe repetirse un elemento.

```
import re

patron = r"\d{2,4}"
texto = "12345"
coincidencia = re.search(patron, texto)
```

Agrupación y Captura:
* Agrupar partes del patrón y capturarlas para su posterior uso.

```
import re

patron = r"(\d{2})/(\d{2})/(\d{4})"
texto = "22/01/2022"
coincidencia = re.match(patron, texto)
```

Búsqueda y Coincidencia:
- `search()`: Busca en toda la cadena y devuelve la primera coincidencia.
- `match()`: Busca solo al principio de la cadena.
- `findall()`: Encuentra todas las coincidencias y devuelve una lista.

```
import re

patron = r"\b\w{4,}\b"
texto = "Python es un lenguaje poderoso y
versátil."
coincidencias = re.findall(patron, texto)
```

Sustitución:
- `sub()`: Reemplaza todas las coincidencias con un texto especificado.

```
import re

patron = r"\d{2}/\d{2}/\d{4}"
texto = "Fecha: 22/01/2022"
nuevo_texto = re.sub(patron, "Fecha:
XX/XX/XXXX", texto)
```

Las expresiones regulares son potentes pero pueden ser complejas. La práctica y la experimentación son clave para comprender y utilizar efectivamente las regex. Hay recursos en línea y herramientas interactivas que pueden ayudarte a aprender y probar tus expresiones regulares.

Patrones y Búsqueda de Texto:
- Las expresiones regulares son secuencias de caracteres que definen un patrón de búsqueda.
- La librería re en Python permite trabajar con expresiones regulares.

```
import re

patron = r"\b\d{3}-\d{2}-\d{4}\b"
texto = "El número de seguridad social es
123-45-6789."
coincidencias = re.search(patron, texto)
```

Ejemplos de Expresiones regulares:

Ejemplo 1: Coincidencia de Números de Teléfono

```
import re

# Expresión regular para validar un número de
teléfono en formato (123) 456-7890

patron = re.compile(r'^\(\d{3}\)
\d{3}-\d{4}$')


# Ejemplos de números de teléfono
```
186

```python
numeros_telefono = ["(123) 456-7890",
"987-654-3210", "(555) 123-4567"]

for numero in numeros_telefono:

 if patron.match(numero):

  print(f"{numero} es un número de teléfono
válido.")

  else:

  print(f"{numero} NO es un número de teléfono
válido.")
```

Ejemplo 2: Extracción de Correos Electrónicos de un Texto

```python
import re


# Expresión regular para encontrar direcciones
de correo electrónico

patron_email =
re.compile(r'\b[A-Za-z0-9._%+-]+@[A-Za-z0-9.-]
+\.[A-Z|a-z]{2,}\b')
```

```python
# Ejemplo de texto que contiene correos
electrónicos

texto = "Contacta con soporte@example.com o
ventas@empresa.com para más información."


# Encontrar y mostrar todos los correos
electrónicos en el texto

correos_encontrados =
patron_email.findall(texto)

print("Correos electrónicos encontrados:",
correos_encontrados)
```

Ejemplo 3: Validación de Contraseñas Fuertes

```python
import re

# Expresión regular para validar contraseñas
fuertes

# Al menos 8 caracteres, al menos una letra
minúscula, una letra mayúscula, un número y un
carácter especial

patron_contrasena =
re.compile(r'^(?=.*[a-z])(?=.*[A-Z])(?=.*\d)(?
=.*[@$!%*?&])[A-Za-z\d@$!%*?&]{8,}$')
```

```
# Ejemplos de contraseñas

contrasenas = ["P@ssw0rd", "12345",
"Fuerte2022"]

for contrasena in contrasenas:

 if patron_contrasena.match(contrasena):

 print(f"{contrasena} es una contraseña
fuerte.")

 else:

 print(f"{contrasena} NO es una contraseña
fuerte.")
```

Ejercicios de Regex (Expresiones regulares):

Ejercicio 1. *Coincidencia Simple:*
 ● *Escribe una expresión regular para verificar si una cadena contiene la palabra "Python".*
 ●
Ejercicio 2. *Validación de Correo Electrónico:*
 ● *Crea una expresión regular que valide si una cadena es una dirección de correo electrónico válida.*
 ●
Ejercicio 3. *Extracción de Números de Teléfono:*

- Dada una cadena que contiene números de teléfono en diferentes formatos, utiliza una expresión regular para extraer todos los números de teléfono.

-

Ejercicio 4. Validación de Nombres de Usuario:
- Crea una expresión regular que valide si una cadena es un nombre de usuario válido. El nombre de usuario debe contener solo letras minúsculas, números y guiones bajos.

-

Ejercicio 5. Extracción de Fechas:
- Dada una cadena que contiene fechas en diferentes formatos, utiliza una expresión regular para extraer todas las fechas.

-

Ejercicio 6. Búsqueda de Palabras en un Texto:
- Dada una cadena de texto, utiliza una expresión regular para contar cuántas veces aparece una palabra específica en el texto.

Ejercicio 7. Validación de Direcciones IP:

- Crea una expresión regular que valide si una cadena es una dirección IP válida.

-

Ejercicio 8. Extracción de Etiquetas HTML:
- Dada una cadena HTML, utiliza una expresión regular para extraer todas las etiquetas HTML presentes en ella.

-

Ejercicio 9. Eliminación de Espacios en Blanco:
- Utiliza una expresión regular para eliminar todos los espacios en blanco de una cadena.

-

Ejercicio 10. Validación de Códigos Postales:
- Crea una expresión regular que valide si una cadena es un código postal válido. Puedes asumir un formato específico para el código postal.

- Los resultados sugeridos y simplificados podras verlos en la Pag. 390.

Capítulo 14: Programación Funcional en Python.

La programación funcional es un paradigma de programación que trata de construir software mediante el uso de funciones y evita el cambio de estado y datos mutables. Python es un lenguaje de programación que admite paradigmas múltiples, incluida la programación funcional. Aquí hay algunos conceptos clave de la programación funcional en Python:

Funciones de Orden Superior:

En Python, las funciones son ciudadanos de primera clase, lo que significa que pueden tratarse como cualquier otra variable. Puedes pasar funciones como argumentos a otras funciones y devolver funciones desde funciones.

```
def cuadrado(x):
```

```
    return x * x

def aplicar_funcion(func, lista):
    return [func(x) for x in lista]

numeros = [1, 2, 3, 4, 5]
resultados = aplicar_funcion(cuadrado,
numeros)
print(resultados)
# Salida: [1, 4, 9, 16, 25]
```

Funciones Lambda:

Las funciones lambda son funciones anónimas y
pequeñas que se pueden definir en una línea. Son útiles
cuando necesitas una función temporal para una
operación específica.

```
cuadrado = lambda x: x * x
print(cuadrado(5))
# Salida: 25
```

Funciones de Orden Superior Incorporadas:

Python proporciona funciones de orden superior
incorporadas como map, filter y reduce que son
comunes en la programación funcional.

```
numeros = [1, 2, 3, 4, 5]
```

```
# map: aplica una función a cada elemento de
la lista
cuadrados = list(map(lambda x: x * x,
numeros))
print(cuadrados)
# Salida: [1, 4, 9, 16, 25]

# filter: filtra elementos de la lista según
una condición
pares = list(filter(lambda x: x % 2 == 0,
numeros))
print(pares)
# Salida: [2, 4]

# reduce: reduce la lista a un solo valor
aplicando una función acumulativa
from functools import reduce
suma = reduce(lambda x, y: x + y, numeros)
print(suma)
# Salida: 15
```

Comprensiones de Listas:

Las comprensiones de listas son una forma concisa de crear listas. Aunque no son funciones, son un enfoque funcional para generar listas.

```
numeros = [1, 2, 3, 4, 5]

cuadrados = [x * x for x in numeros]
print(cuadrados)
# Salida: [1, 4, 9, 16, 25]

pares = [x for x in numeros if x % 2 == 0]
```

```
print(pares)
# Salida: [2, 4]
```

Inmutabilidad y Evitar Efectos Secundarios:

En la programación funcional, se prefiere la inmutabilidad y se evitan los efectos secundarios. Python admite tipos de datos inmutables como tuplas y cadenas, y se pueden usar para escribir funciones más puras.

```
# Evitar efectos secundarios
def duplicar_lista(lista):
 lista *= 2
 return lista

numeros = [1, 2, 3]
duplicar_lista(numeros)
print(numeros)
# Salida: [1, 2, 3, 1, 2, 3] (se ha modificado
la lista     original)

# Usar inmutabilidad
def duplicar_lista_inmutable(lista):


 return lista * 2

numeros = [1, 2, 3]

nueva_lista = duplicar_lista_inmutable(numeros)
print(numeros)
# Salida: [1, 2, 3] (la lista original no se ha
modificado)
```

Funciones de Orden Superior:

- Las funciones de orden superior pueden aceptar funciones como argumentos o devolver funciones como resultados.

```
def aplicar_operacion(funcion, numeros):
 return [funcion(x) for x in numeros]


cuadrado = lambda x: x**2
lista_numeros = [1, 2, 3, 4, 5]
resultados = aplicar_operacion(cuadrado,
lista_numeros)
```

Funciones Lambda y Map:

- Las funciones lambda son funciones anónimas.
- `map` aplica una función a todos los elementos de una secuencia.

```
cuadrado = lambda x: x**2
lista_numeros = [1, 2, 3, 4, 5]
resultados = list(map(cuadrado, lista_numeros))
```

Capítulo 15: Asincronía y Programación Concurrente.

Introducción a la Programación Asíncrona:

La programación asíncrona es un paradigma de programación que se utiliza para manejar operaciones que pueden ocurrir de manera concurrente sin bloquear el flujo principal de ejecución del programa. En lugar de esperar a que una operación se complete antes de pasar a la siguiente, la programación asíncrona permite que el programa continúe ejecutándose mientras espera que ciertas operaciones se completen en segundo plano.

En la programación asíncrona, las operaciones se pueden iniciar y luego se puede continuar ejecutando el código sin tener que esperar a que las operaciones se completen. Cuando una operación asíncrona se completa, se maneja una notificación o evento para procesar los resultados.

La programación asíncrona es especialmente útil en situaciones donde hay operaciones de entrada/salida (E/S) lentas o costosas, como la lectura/escritura de archivos, la comunicación de red o las consultas a bases de datos. Al utilizar la programación asíncrona, el programa puede seguir siendo receptivo y eficiente, en lugar de bloquearse mientras espera que estas operaciones se completen.

En Python, la programación asíncrona se implementa utilizando las palabras clave `async` y `await`, junto con las bibliotecas `asyncio` y `async/await` que proporcionan un modelo de ejecución asíncrona.

Algunos de los beneficios de la programación asíncrona incluyen:

- Mejora de la eficiencia y la capacidad de respuesta del programa al evitar bloqueos durante operaciones de E/S costosas.
- Aprovechamiento eficiente de los recursos del sistema al permitir que múltiples tareas se ejecuten simultáneamente.
- Mayor escalabilidad al manejar grandes volúmenes de solicitudes o eventos de manera concurrente.
- Mejora de la experiencia del usuario al garantizar una interfaz de usuario receptiva incluso durante operaciones lentas en segundo plano.

La programación asíncrona es una técnica poderosa para escribir programas más eficientes y receptivos al permitir que las operaciones se realicen de manera concurrente y sin bloquear el flujo principal de ejecución del programa.

- La programación asíncrona permite ejecutar tareas concurrentemente sin bloquear el hilo principal.

```
import asyncio

async def tarea_asincrona():
 await asyncio.sleep(1)
 print("Tarea completada")

asyncio.run(tarea_asincrona())
```

Uso de `async` **y** `await`**:**

- `async` se utiliza para definir funciones asíncronas.

- await se utiliza para esperar la finalización de una tarea asíncrona.

```
async def tarea_asincrona():
 resultado = await funcion_asincrona()
 print(resultado)
```

Ejemplos de Asincronía y programación concurrente.

Ejemplo 1: Uso de Hilos con el Módulo threading

```
import threading
import time

def tarea1():
 for _ in range(5):
 time.sleep(1)
 print("Tarea 1 ejecutándose...")

def tarea2():
 for _ in range(5):
 time.sleep(1)
 print("Tarea 2 ejecutándose...")

# Crear dos hilos
hilo1 = threading.Thread(target=tarea1)
hilo2 = threading.Thread(target=tarea2)

# Iniciar los hilos
hilo1.start()
hilo2.start()


# Esperar a que ambos hilos terminen
```

198

```
hilo1.join()
hilo2.join()

print("Ambas tareas han finalizado.")
```

Este ejemplo utiliza el módulo `threading` para ejecutar dos tareas simultáneamente en hilos separados.

Ejemplo 2: Uso de Asincronía con `asyncio`

```
import asyncio

async def tarea1():
 for _ in range(5):
 await asyncio.sleep(1)
 print("Tarea 1 ejecutándose...")

async def tarea2():
 for _ in range(5):
 await asyncio.sleep(1)
 print("Tarea 2 ejecutándose...")

# Crear un bucle de eventos asyncio
loop = asyncio.get_event_loop()

# Ejecutar las tareas de forma concurrente
tareas = asyncio.gather(tarea1(), tarea2())
loop.run_until_complete(tareas)
print("Ambas tareas han finalizado.")
```

Este ejemplo utiliza el módulo `asyncio` para ejecutar dos tareas de manera asíncrona mediante corutinas.

Ejemplo 3: Uso de Multiprocesamiento con `multiprocessing`

```
import multiprocessing
import time

def tarea1():
 for _ in range(5):
 time.sleep(1)
 print("Tarea 1 ejecutándose...")

def tarea2():
 for _ in range(5):
 time.sleep(1)
 print("Tarea 2 ejecutándose...")


# Crear dos procesos
proceso1 =
multiprocessing.Process(target=tarea1)
proceso2 =
multiprocessing.Process(target=tarea2)

# Iniciar los procesos
proceso1.start()
proceso2.start()

# Esperar a que ambos procesos terminen
proceso1.join()
proceso2.join()

print("Ambas tareas han finalizado.")
```

Ejercicios de Asincronía y programación concurrente:

Uso de Async/Await:

Ejercicio 1. *Crea una función asincrónica que simule una operación demorada y luego llama a esa función utilizando async y await.*

Multiprocessing:
- *Utiliza el módulo multiprocessing para paralelizar la ejecución de una función en varios procesos.*

Hilos con Threading:
- *Crea varios hilos utilizando el módulo threading para ejecutar funciones concurrentemente.*

Pool de Procesos:
- *Utiliza concurrent.futures.ProcessPoolExecutor para ejecutar varias funciones en paralelo utilizando un pool de procesos.*

Uso de asyncio.gather:
- *Utiliza asyncio.gather para ejecutar múltiples funciones asincrónicas simultáneamente y obtener sus resultados.*

Colas de Tareas con asyncio.Queue:
- *Crea un programa que utilice asyncio.Queue para coordinar la ejecución de varias tareas concurrentes.*

Control de Concurrencia con Semáforos:
- *Implementa un sistema de semáforos utilizando el módulo asyncio para controlar el acceso concurrente a recursos compartidos.*

Uso de asyncio.Lock:
- *Utiliza asyncio.Lock para asegurar que solo un hilo o tarea pueda acceder a una sección crítica del código a la vez.*

Manejo de Excepciones en Asincronía:
- *Crea un programa asincrónico que maneje excepciones concurrentes utilizando asyncio.gather y asyncio.ensure_future.*

Uso de asyncio.sleep:
- *Implementa un programa asincrónico que utilice asyncio.sleep para simular operaciones demoradas sin bloquear la ejecución.*

Estos ejercicios te proporcionarán práctica en el uso de las capacidades de asincronía y programación concurrente en Python, utilizando módulos como asyncio, concurrent.futures, y multiprocessing. Recuerda tener en cuenta la sincronización y el manejo adecuado de recursos compartidos en entornos concurrentes.

• *Los resultados sugeridos y simplificados podras verlos en la Pag. 393.*

Parte 7: Desarrollo Web con Python

Capítulo 16: Introducción a Flask

Flask es un framework web ligero y flexible para Python que facilita la creación de aplicaciones web. Fue diseñado para ser simple y fácil de usar, permitiendo a los desarrolladores crear aplicaciones web rápidamente con un mínimo de código boilerplate. A continuación, te proporcionaré una introducción básica a Flask:

Instalación:

Para instalar Flask, puedes utilizar el administrador de paquetes `pip`. Abre una terminal y ejecuta el siguiente comando:

```
pip install Flask
```

Ejemplo Básico:

Aquí hay un ejemplo simple de una aplicación Flask:

```
from flask import Flask

# Crear una instancia de la aplicación Flask
app = Flask(__name__)


# Definir una ruta y la función asociada


@app.route('/')


def hola_mundo():


 return '¡Hola, mundo!'

# Ejecutar la aplicación si se ejecuta este
script
if __name__ == '__main__':
 app.run(debug=True)
```

Guarda este código en un archivo llamado `app.py` y
ejecútalo desde la terminal con el comando `python`
`app.py`. Esto iniciará un servidor de desarrollo y podrás
acceder a tu aplicación en `http://127.0.0.1:5000/` en
tu navegador.

Estructura Básica:

- Instancia de la Aplicación: `app = Flask(__name__)` crea una instancia de la aplicación Flask.
- Rutas y Funciones: `@app.route('/')` decora una función y establece la ruta asociada. En este caso, la función `hola_mundo` se ejecutará cuando alguien acceda a la ruta principal (`/`).
- Ejecutar la Aplicación: `if __name__ == '__main__': app.run(debug=True)` inicia la aplicación cuando se ejecuta el script.

Rutas Dinámicas:

Puedes incluir variables en las rutas para hacerlas dinámicas:

```
@app.route('/saludar/<nombre>')
def saludar(nombre):
 return f'¡Hola, {nombre}!'
```

En este caso, la ruta `/saludar/Juan` devolverá "¡Hola, Juan!".

Plantillas (Templates):

Flask utiliza el motor de plantillas Jinja2 para renderizar páginas HTML. Puedes almacenar tus plantillas en un directorio llamado `templates`. Aquí hay un ejemplo:

```python
from flask import Flask, render_template

app = Flask(__name__)

@app.route('/')
def index():
 return render_template('index.html',
nombre='Usuario')
```

Y el contenido del archivo `templates/index.html`:

```html
<!DOCTYPE html>
<html lang="es">
<head>
 <meta charset="UTF-8">
 <meta name="viewport"
content="width=device-width,
initial-scale=1.0">
 <title>Página de Inicio</title>
</head>
<body>
 <h1>Bienvenido, {{ nombre }}!</h1>
</body>
</html>
```

Estos son solo conceptos básicos para comenzar con Flask. A medida que explores más, descubrirás características adicionales, como el manejo de formularios, bases de datos, autenticación y más. Flask proporciona flexibilidad para escalar desde pequeñas aplicaciones hasta proyectos web más complejos.

Creación de Aplicaciones Web Simples:

205

- Flask es un framework web ligero para Python.

```python
from flask import Flask

app = Flask(__name__)

@app.route('/')


def inicio():
 return '¡Hola, mundo!'

if __name__ == '__main__':
 app.run(debug=True)
```

Ejemplos de Aplicación Web Simple.

Ejercicio 1: Creación de una Aplicación Web Simple con Flask

En este ejercicio, crearemos una aplicación web simple utilizando Flask. La aplicación mostrará un saludo personalizado según el nombre proporcionado en la URL.

Paso 1: Instalación de Flask

Asegúrate de tener Flask instalado. Si no lo tienes, puedes instalarlo ejecutando:

```
pip install Flask
```

Paso 2: Creación de la Aplicación

Crea un archivo llamado `app.py` con el siguiente contenido:

```python
# app.py

from flask import Flask, render_template

app = Flask(__name__)

@app.route('/')

def index():

  return '¡Bienvenido a mi aplicación web con Flask!'

@app.route('/saludo/<nombre>')

def saludo(nombre):

  return render_template('saludo.html', nombre=nombre)

if __name__ == '__main__':

  app.run(debug=True)
```

Paso 3: Creación de la Plantilla HTML

Crea un directorio llamado `templates` en el mismo directorio que `app.py`. Dentro de este directorio, crea un archivo llamado `saludo.html` con el siguiente contenido:

```html
<!-- templates/saludo.html -->

<!DOCTYPE html>

<html lang="es">

<head>

 <meta charset="UTF-8">

 <meta name="viewport"
content="width=device-width,
initial-scale=1.0">

 <title>Saludo</title>

</head>


<body>

 <h1>¡Hola, {{ nombre }}!</h1>


</body>
```

```
</html>
```

Paso 4: Ejecución de la Aplicación

Ejecuta la aplicación desde la línea de comandos:

```
python app.py
```

Accede a `http://localhost:5000/` en tu navegador y deberías ver un saludo de bienvenida. Luego, prueba acceder a `http://localhost:5000/saludo/TuNombre` para ver un saludo personalizado.

Ejercicios de Desarrollo Web:

Ejercicio 1: *HTML Básico*
Crea un archivo HTML que contenga la estructura básica de una página web, con encabezado, cuerpo y pie de página.

Ejercicio 2: *Listas y Enlaces en HTML*
Agrega una lista no ordenada y varios enlaces a sitios web externos en tu página HTML.

Ejercicio 3: *CSS Simple*
Añade un bloque de estilo CSS a tu página HTML para cambiar el color de fondo y el texto.

Ejercicio 4: *Creación de Formulario HTML*
Crea un formulario HTML con campos de texto, un área de texto y un botón de envío.

Ejercicio 5: *Estilo de Formulario con CSS*
Aplica estilos CSS al formulario que creaste en el ejercicio anterior para mejorar su apariencia.

Ejercicio 6: *Introducción a JavaScript*
Incorpora un script de JavaScript en tu página que alerte un mensaje cuando se presione un botón.

Ejercicio 7: *Uso de Bootstrap*
Integra la biblioteca Bootstrap en tu proyecto y utiliza algunos de sus componentes, como un botón estilizado o un componente de alerta.

Ejercicio 8: *Creación de una Página con Múltiples Secciones*
Expande tu página HTML para incluir múltiples secciones, como una sección de presentación, una sección de proyectos y una sección de contacto.

Ejercicio 9: *Diseño Responsivo con Media Queries*
Utiliza media queries en tu hoja de estilo CSS para hacer que tu página sea responsive y se vea bien en dispositivos móviles.

Ejercicio 10: *Integración de Imágenes y Videos*
Agrega imágenes y un video incrustado en tu página web para enriquecer el contenido visual.

• *Los resultados sugeridos y simplificados podras verlos en la Pag. 399.*

Capítulo 17: Bases de Datos y SQL con Python

SQLite:
SQLite es un sistema de gestión de bases de datos relacional que se implementa como una biblioteca en C. A diferencia de los sistemas de gestión de bases de datos cliente-servidor, SQLite es un motor de base de datos incorporado que no requiere un servidor separado y se accede directamente desde la aplicación. Algunas características clave de SQLite incluyen:

Autónomo:
•   SQLite es una base de datos sin servidor, lo que significa que todo el sistema de gestión de bases de datos está contenido en una biblioteca y se integra directamente con la aplicación.
Ligero y Rápido:
•   SQLite es conocido por ser liviano y rápido. Es una opción popular para aplicaciones embebidas, aplicaciones móviles y proyectos de pequeña a mediana escala.
Autocontenido:
•   La base de datos SQLite se almacena en un solo archivo, lo que facilita la transferencia y copia de la base de datos entre sistemas.
Transacciones ACID:
•   Soporta transacciones ACID (Atomicidad, Consistencia, Aislamiento y Durabilidad), lo que garantiza la integridad y la confiabilidad de los datos.

Soporte para Consultas SQL:

- Admite consultas SQL estándar, lo que hace que sea fácil para los desarrolladores que están familiarizados con SQL.
Ampliamente Utilizado:
- Debido a su simplicidad y portabilidad, SQLite se utiliza en una variedad de aplicaciones, desde sistemas embebidos hasta aplicaciones móviles y navegadores web.

SQLAlchemy:

SQLAlchemy es una biblioteca de mapeo objeto-relacional (ORM) en Python. Proporciona una interfaz de alto nivel para interactuar con bases de datos relacionales, permitiendo a los desarrolladores trabajar con objetos Python en lugar de escribir directamente en SQL. Algunas características clave de SQLAlchemy son:

Mapeo Objeto-Relacional (ORM):
- Permite a los desarrolladores interactuar con bases de datos relacionales utilizando objetos Python en lugar de consultas SQL directas.
Modelos de Datos:
- Define modelos de datos utilizando clases Python, donde cada instancia de la clase representa una fila en la base de datos.
Portabilidad de la Base de Datos:
- SQLAlchemy proporciona una capa de abstracción que permite a los desarrolladores cambiar fácilmente entre diferentes sistemas de bases de datos sin cambiar el código de la aplicación.
Consultas Expresivas:
- Utiliza expresiones y consultas expresivas que se traducen eficientemente a SQL. Los desarrolladores pueden realizar consultas complejas de manera más sencilla.

Soporte para Transacciones:
- SQLAlchemy gestiona automáticamente las transacciones y proporciona una interfaz para trabajar con ellas de manera programática.

Extensibilidad:
- Es altamente extensible y permite a los desarrolladores personalizar y ampliar su funcionalidad según sea necesario.
Interfaz de Bajo Nivel Opcional:
- Aunque SQLAlchemy proporciona una interfaz de alto nivel con el ORM, también permite a los desarrolladores trabajar directamente con SQL si lo prefieren.

Ambas herramientas, SQLite y SQLAlchemy, son populares en el ecosistema de desarrollo de Python y se utilizan en contextos diferentes. SQLite es una opción liviana y embebida para almacenamiento local, mientras que SQLAlchemy proporciona una abstracción de base de datos más potente y flexible, especialmente en aplicaciones más complejas y grandes.

SQLite y SQLAlchemy:
- SQLite es una base de datos incorporada en Python.
- SQLAlchemy proporciona una capa de abstracción para trabajar con bases de datos SQL.

```
import sqlite3
from sqlalchemy import create_engine, Column,
Integer, String, MetaData, Table
```

```
# Ejemplo con SQLite
conexion =
sqlite3.connect('mi_base_de_datos.db')
cursor = conexion.cursor()
```

Ejemplos de SQLite y SQLAlchemy:

Ejercicio 1: Trabajo con SQLite en Python

En este ejercicio, crearemos una base de datos SQLite en Python y realizaremos operaciones básicas de consulta y modificación.

Paso 1: Instalación de la Biblioteca SQLite

Asegúrate de tener la biblioteca `sqlite3` incluida en tu instalación de Python. No es necesario instalarla por separado, ya que es parte de la biblioteca estándar de Python.

Paso 2: Creación de la Base de Datos y Tabla

Crea un archivo llamado `database.py` y escribe el siguiente código:

```
# database.py
import sqlite3


# Conexión a la base de datos (creará el archivo
si no existe)
```

```python
conn = sqlite3.connect('mi_base_de_datos.db')

# Creación de una tabla llamada 'usuarios'
conn.execute('''
 CREATE TABLE IF NOT EXISTS usuarios (
 id INTEGER PRIMARY KEY AUTOINCREMENT,
 nombre TEXT NOT NULL,
 edad INTEGER
 )
''')


# Cierre de la conexión
conn.close()
```

Este código crea una base de datos llamada `mi_base_de_datos.db` y una tabla llamada `usuarios` con columnas `id`, `nombre` y `edad`.

Paso 3: Inserción de Datos

Modifica `database.py` para insertar algunos datos en la tabla:

```python
# database.py
import sqlite3

# Conexión a la base de datos
conn = sqlite3.connect('mi_base_de_datos.db')

# Creación de una tabla llamada 'usuarios'
conn.execute('''
```

```
CREATE TABLE IF NOT EXISTS usuarios (
id INTEGER PRIMARY KEY AUTOINCREMENT,
nombre TEXT NOT NULL,


edad INTEGER
)
''')

# Inserción de datos
conn.execute("INSERT INTO usuarios (nombre,
edad) VALUES ('Juan', 25)")
conn.execute("INSERT INTO usuarios (nombre,
edad) VALUES ('Ana', 30)")


# Guardar cambios y cerrar la conexión
conn.commit()
conn.close()
```

Paso 4: Consulta de Datos

Ahora, escribiremos un script para consultar los datos:

```
# consulta_datos.py
import sqlite3

# Conexión a la base de datos
conn = sqlite3.connect('mi_base_de_datos.db')

# Consulta de todos los usuarios
resultados = conn.execute("SELECT * FROM
usuarios")
```

```
# Imprimir resultados
for row in resultados:
 print(row)

# Cierre de la conexión
conn.close()
```

Este código consulta y muestra todos los usuarios en la tabla.

Paso 5: Actualización de Datos

Añadamos una operación de actualización:

```
# actualizar_datos.py
import sqlite3

# Conexión a la base de datos
conn = sqlite3.connect('mi_base_de_datos.db')

# Actualizar la edad de Juan a 26
conn.execute("UPDATE usuarios SET edad = 26
WHERE nombre = 'Juan'")

# Guardar cambios y cerrar la conexión
conn.commit()
conn.close()
```

Paso 6: Eliminación de Datos

Finalmente, eliminemos un usuario:

```
# eliminar_datos.py
import sqlite3

# Conexión a la base de datos
conn = sqlite3.connect('mi_base_de_datos.db')

# Eliminar a Ana de la tabla
conn.execute("DELETE FROM usuarios WHERE nombre
= 'Ana'")

# Guardar cambios y cerrar la conexión
conn.commit()
conn.close()
```

Ejercicios de Base de Datos y SQL.

Ejercicio 1: *Crear una Tabla.*
Escribir una consulta SQL para crear una tabla llamada Clientes que contenga campos como id, nombre, y correo.
Ejercicio 2: *Insertar Datos*
Agregar algunos registros a la tabla Clientes utilizando una consulta SQL de inserción.
Ejericio 3: *Consulta Simple*
Realizar una consulta SQL para seleccionar todos los registros de la tabla Clientes.
Ejercicio 4: *Filtro con WHERE*
Realizar una consulta SQL para seleccionar clientes cuyo nombre sea "Juan".
Ejercicio 5: *Actualización de Datos*
Actualizar el correo electrónico de un cliente específico en la tabla Clientes.
Ejercicio 6: *Eliminar Registros*
Eliminar un cliente de la tabla Clientes utilizando una consulta SQL de eliminación.

Ejercicio 7: Consulta con Ordenamiento
Realizar una consulta SQL para seleccionar todos los registros de la tabla Clientes, ordenados alfabéticamente por nombre.
Ejercicio 8: Consulta con Agrupamiento
Realizar una consulta SQL para contar cuántos clientes hay en cada ciudad.
Ejercicio 9: Joins Simples
Crear dos tablas, una para Pedidos y otra para Clientes. Realizar una consulta que muestre información combinada de ambas tablas.
Ejercicio 10: Consulta con Funciones Agregadas
Calcular el promedio de edades de los clientes en la tabla Clientes utilizando una consulta SQL.

- Los resultados sugeridos y simplificados podras verlos en la Pag. 370.

Capítulo 18: Pruebas y Documentación.

Pruebas en Python:

Las pruebas son esenciales para garantizar que tu código funcione correctamente y para detectar y corregir errores. Python ofrece varios frameworks de prueba, siendo

unittest uno de los más comunes. Aquí hay un ejemplo
básico:

```python
import unittest

def suma(a, b):
 return a + b

class PruebasSuma(unittest.TestCase):
 def test_suma_positivos(self):
 self.assertEqual(suma(3, 5), 8)

 def test_suma_negativo_positivo(self):
 self.assertEqual(suma(-1, 1), 0)

 def test_suma_negativos(self):
 self.assertEqual(suma(-2, -3), -5)

if __name__ == '__main__':
 unittest.main()
```

En este ejemplo, se define una función suma y una clase
PruebasSuma que hereda de unittest.TestCase.
Cada método dentro de esta clase que

comienza con test_ se considera un caso de prueba.
assertEqual verifica que el resultado de la función sea
el esperado.

Para ejecutar estas pruebas, puedes guardar este código
en un archivo (por ejemplo, pruebas.py) y ejecutarlo
desde la terminal:

```
python pruebas.py
```

Documentación en Python:

La documentación es fundamental para que otros
programadores y tú mismo comprendan el propósito y el uso de
tu código. En Python, se utiliza el estilo de documentación
llamado docstrings.

Ejemplo de Docstring:

```
def suma(a, b):
    """
    Esta función suma dos números.

    :param a: El primer número.
    :param b: El segundo número.
    :return: La suma de a y b.
    """
    return a + b
```

- La primera línea del docstring es un resumen conciso de
la función.
- Las siguientes líneas proporcionan detalles sobre los
parámetros y el valor de retorno.

Generación de Documentación:

Puedes generar documentación a partir de los docstrings
utilizando herramientas como Sphinx. Aquí hay un ejemplo
rápido:

Instala Sphinx:

```
pip install sphinx
```

Inicia un nuevo proyecto de Sphinx:

```
sphinx-quickstart
```

Especifica las ubicaciones de tus módulos en el archivo `conf.py`.
Genera la documentación:

```
make html
```

Esto generará archivos HTML en el directorio `build`. Abre `index.html` en tu navegador para ver la documentación.

Estas son solo introducciones a las pruebas y la documentación en Python. Ambas son prácticas fundamentales para el desarrollo de software efectivo y mantenible.

Pruebas Unitarias:
- Uso de `unittest` o `pytest` para realizar pruebas unitarias.

```
import unittest

class TestCalculadora(unittest.TestCase):
 def test_suma(self):
 self.assertEqual(suma(3, 5), 8)
```

Documentación con Docstrings:

- Uso de docstrings para documentar funciones y módulos.

```
def cuadrado(x):
    """

    Calcula el cuadrado de un número.

    Args:
    x (int): Número para el cual se calculará el
    cuadrado.

    Returns:
    int: Cuadrado de x.
    """
    return x**2
```

Ejemplos de Pruebas y Documentación:

Ejercicio 1: Pruebas Unitarias

Vamos a crear pruebas unitarias para las funciones básicas de nuestra lista de tareas. Utilizaremos el módulo `unittest`.

Crea un archivo llamado `test_todolist.py`.
Define una clase llamada `TestToDoList` que herede de `unittest.TestCase`.
Agrega métodos de prueba para cada función en `todolist.py`.

```python
# test_todolist.py
import unittest
from todolist import Tarea, cargar_tareas,
guardar_tareas

class TestToDoList(unittest.TestCase):
 def test_agregar_tarea(self):


tarea = Tarea("Hacer ejercicio")
 self.assertEqual(tarea.descripcion, "Hacer
ejercicio")
 self.assertFalse(tarea.completada)

 def test_marcar_completada(self):

 tarea = Tarea("Leer libro")
 tarea.marcar_completada()
 self.assertTrue(tarea.completada)


 def test_cargar_tareas(self):
 tareas = cargar_tareas()
 self.assertEqual(len(tareas), 0) # Asumimos
que inicialmente no hay tareas


 def test_guardar_tareas(self):
 tareas = [Tarea("Comprar leche"),
Tarea("Estudiar para  el examen")]
 guardar_tareas(tareas)
 tareas_cargadas = cargar_tareas()
 self.assertEqual(len(tareas_cargadas), 2)

self.assertEqual(tareas_cargadas[0].descripcio
n, "Comprar leche")
```

```
if __name__ == "__main__":
    unittest.main()
```

Paso 2: Ejecutar las Pruebas

Ejecuta las pruebas desde la línea de comandos:

```
python -m unittest test_todolist.py
```

Si todo está implementado correctamente, deberías ver un mensaje que indica que todas las pruebas pasaron.

Ejercicio 2: Documentación con Docstrings

Añade docstrings a las funciones y clases en `todolist.py`. Usa un estilo de docstring consistente, preferiblemente el estilo de Google Docstrings.

```
# todolist.py

class Tarea:
    """Representa una tarea en la lista."""

    def __init__(self, descripcion,
    completada=False):
        """Inicializa una nueva tarea.
```

```python
    Args:
    descripcion (str): La descripción de la
tarea.

    completada (bool): Indica si la tarea está
completada o no.
    """
    # ...

    def marcar_completada(self):
    """Marca la tarea como completada."""
    # ...

def cargar_tareas():
    """Carga las tareas desde el archivo y las
devuelve como una lista.

    Returns:
    List[Tarea]: Lista de objetos Tarea.
    """
    # ...



def guardar_tareas(tareas):
    """Guarda las tareas en el archivo.


    Args:
    tareas (List[Tarea]): Lista de objetos Tarea.
    """
    # ...

def mostrar_menu():
    """Muestra el menú de opciones."""
    # ...
```

```
def main():
 """Función principal del programa."""
 # ...
```

Recomendaciones Generales Básicas:

El Zen de Python:

El Zen de Python es una colección de 20 principios de software que influyen en el diseño del Lenguaje de Programación Python, de los cuales 19 fueron escritos por Tim Peters en junio de 1999.El texto es distribuido como dominio público.

- *Bello es mejor que feo.*
- *Explícito es mejor que implícito.*
- *Simple es mejor que complejo.*
- *Complejo es mejor que complicado.*
- *Plano es mejor que anidado.*
- *Espaciado es mejor que denso.*
- *La legibilidad es importante.*
- *Los casos especiales no son lo suficientemente especiales como para romper las reglas.*
- *Sin embargo la practicidad le gana a la pureza.*
- *Los errores nunca deberían pasar silenciosamente.*
- *A menos que se silencien explícitamente.*
- *Frente a la ambigüedad, evitar la tentación de adivinar.*

- Debería haber una, y preferiblemente solo una, manera obvia de hacerlo.
- A pesar de que eso no sea obvio al principio a menos que seas Holandés.
- Ahora es mejor que nunca.
- A pesar de que nunca es muchas veces mejor que *ahora* mismo.
- Si la implementación es difícil de explicar, es una mala idea.
- Si la implementación es fácil de explicar, puede que sea una buena idea.
- Los espacios de nombres son una gran idea, ¡tengamos más de esos!

Orden Típico de un Programa en Python.

El orden típico de un programa en Python suele seguir una estructura general que incluye las siguientes partes:

Importación de Módulos: El primer paso suele ser importar los módulos necesarios para el programa. Esto se hace utilizando la palabra clave import. Por ejemplo:

```
import modulo1
import modulo2
```

Definición de Funciones y Clases: A continuación, se definen las funciones y clases que serán utilizadas en el programa. Esto incluye la implementación de la lógica específica que realizará el programa. Por ejemplo:

```
def funcion1():
 # Implementación de la función 1

class MiClase:
 # Implementación de la clase
```

Inicialización de Variables Globales: Se pueden inicializar variables globales que se utilizarán en todo el programa. Esto incluye la asignación de valores iniciales a variables importantes. Por ejemplo:

```
variable_global = 0
```

Función Principal o Punto de Entrada: A continuación, se define la función principal o el punto de entrada del programa. Por lo general, esta función llevará a cabo la ejecución principal del programa y llamará a otras funciones según sea necesario. Por ejemplo:

```
def main():
 # Lógica principal del programa
 funcion1()
 ...

if __name__ == "__main__":
```

```
main()
```

Instrucciones de Control de Flujo: Dentro de la función principal, se pueden incluir instrucciones de control de flujo, como bucles `for` o `while`, y declaraciones `if` para realizar la lógica específica del programa. Por ejemplo:

```
for i in range(10):
 # Lógica del bucle

if condicion:
 # Lógica para la condición verdadera
else:
 # Lógica para la condición falsa
```

Manejo de Excepciones: Si el programa puede generar errores o excepciones, es útil incluir bloques `try` y `except` para manejar estos casos de manera adecuada. Por ejemplo:

```
try:
 # Código que puede generar una excepción
except Excepcion as e:
 # Manejo de la excepción
```

Liberación de Recursos: Al final del programa, es posible que sea necesario liberar recursos como archivos abiertos o conexiones de red. Esto se hace típicamente en un bloque `finally`. Por ejemplo:

```
try:
 # Código que puede generar una excepción
except Excepcion as e:
 # Manejo de la excepción
finally:
 # Liberación de recursos
```

Finalización del Programa: Por último, se puede incluir código para finalizar el programa de manera ordenada, como imprimir un mensaje de despedida o realizar otras acciones de limpieza. Por ejemplo:

```
print("Programa finalizado.")
```

Este es un orden típico que puede variar según las necesidades específicas de cada programa. Es importante mantener una estructura clara y coherente para facilitar la lectura y comprensión del código.

Reglas básicas para construir un programa en Python:

Al construir un programa en Python, hay algunas reglas básicas y buenas prácticas que se deben seguir para garantizar que el código sea legible, mantenible y siga las convenciones de la comunidad. Aquí hay algunas reglas y recomendaciones fundamentales:

Indentación:

- Python utiliza la indentación para definir bloques de código. Es importante mantener una consistencia en la indentación para evitar errores y hacer que el código sea más legible. La PEP 8 (guía de estilo de Python) recomienda el uso de cuatro espacios por nivel de indentación.

```
# Ejemplo de indentación correcta
if condicion:
    # Bloque indentado
    print("Hola")
```

Comentarios:
- Usa comentarios para explicar el propósito y la lógica detrás de tu código. Los comentarios comienzan con el símbolo #.

```
# Este es un comentario
variable = 10 # También se pueden colocar
comentarios al final de una línea de código
```

Nombres de Variables y Funciones:
- Usa nombres de variables y funciones descriptivos y en minúsculas. Para nombres compuestos, sigue la convención de snake_case.

```
nombre_variable = 42


def funcion_ejemplo():
 pass
```

Código Repetido (DRY):

- Evita la duplicación de código. Si encuentras que estás escribiendo la misma lógica en varios lugares, considera refactorizarla en una función o método.

Evitar Nombres de Variables Reservados:
- No uses nombres que sean palabras clave o funciones internas de Python, como `print`, `str`, `int`, etc.

Importación de Módulos:
- Importa solo lo que necesitas y sigue la convención de importación. Evita el uso de `import *`.

```
# Importación correcta
import math
from module import function
```

Organización del Código:
- Organiza tu código en funciones y clases. Mantén cada función o método enfocado en una tarea específica.

Manejo de Excepciones:
- Usa bloques `try`, `except`, `else` y `finally` para manejar errores de manera adecuada. No ignores las excepciones sin razón.

```
try:
 # Código que puede lanzar una excepción
 resultado = 10 / 0
except ZeroDivisionError as e:
 print("Error: División por cero")
```

Uso de PEP 8:

- Sigue las convenciones de estilo definidas en PEP 8. Esto incluye el uso de cuatro espacios por nivel de indentación, líneas de no más de 79 caracteres, etc.

```
# PEP 8 recomienda líneas de no más de 79
caracteres
mi_largo_string = "Este es un ejemplo de un
largo string que se extiende más allá de 79
caracteres para demostrar el límite
recomendado."
```

Pruebas Unitarias:
- Implementa pruebas unitarias para verificar que las funciones y métodos hacen lo que se espera. Esto ayuda a mantener la integridad del código y facilita futuras modificaciones.

Estas son solo algunas de las reglas básicas y recomendaciones. Seguir estas prácticas ayudará a escribir código más limpio, comprensible y fácilmente mantenible en Python.

Reglas Básicas de la Indentación.

En Python, la indentación es crucial porque se utiliza para definir bloques de código. A diferencia de otros lenguajes de programación que utilizan llaves { } para delimitar bloques, Python utiliza la indentación para determinar la estructura del código. Aquí están las reglas clave para la indentación en Python:

Uso de Espacios o Tabuladores:
- 	Puedes usar espacios o tabuladores para la indentación, pero no debes mezclar ambos en el mismo bloque de código. Se recomienda el uso de espacios y generalmente se usan cuatro espacios por nivel de indentación.

Consistencia:
- 	Mantén la misma cantidad de espacios o tabuladores en todo tu código para mantener la consistencia y facilitar la lectura.

Bloques de Código:
- 	La indentación define bloques de código como los cuerpos de funciones, bucles, condicionales, y otras estructuras de control de flujo.

```
if condicion:
 # Bloque de código dentro de un condicional
 resultado = funcion()

for elemento in lista:
 # Bloque de código dentro de un bucle for
 print(elemento)
```

Nivel de Indentación:

- Los bloques de código con la misma indentación pertenecen al mismo nivel. Un cambio en la indentación indica el final de un bloque y el comienzo de otro.

```
def mi_funcion():
 # Primer nivel de indentación
 if condicion:
 # Segundo nivel de indentación
 resultado = funcion()
 # Fin del segundo nivel, retorno al primer
nivel
 return resultado
```

Indentación Consistente:
- Los editores de código modernos suelen ayudar a mantener una indentación consistente. Algunos incluso pueden convertir automáticamente las tabulaciones en espacios o viceversa.

Errores de Indentación:
- Los errores de indentación son comunes en Python y pueden llevar a problemas de ejecución. Presta atención a las advertencias y errores relacionados con la indentación.

Indentación en Comentarios:
- Las líneas de comentarios deben comenzar en la columna donde se encuentra el código, o al menos después del primer carácter no espaciado en esa línea.

```
# Comentario alineado con el código
variable = 42 # Comentario después del código
```

Documentación de Cadenas (Docstrings):
- Las docstrings (cadenas de documentación) deben seguir las mismas reglas de indentación y estilo que el código.

```python
def mi_funcion():
    """
    Esta es una docstring.
    Describe lo que hace la función.
    """
    resultado = funcion()
    return resultado
```

Siguiendo estas reglas de indentación, puedes escribir código Python que sea claro, consistente y fácil de leer. La indentación adecuada es esencial para que el intérprete de Python interprete correctamente la estructura del código.

Reglas Básicas y Prácticas Recomendable para escribir Codigo en Python:

Aquí hay algunas reglas y prácticas que puedes considerar al escribir programas en Python:

Indentación:
- Sigue la regla de indentación de Python (usar 4 espacios por nivel de indentación).
- La indentación clara mejora la legibilidad del código.

Nombres Significativos:
- Usa nombres descriptivos para variables, funciones y clases.
- Evita nombres demasiado cortos o demasiado largos.

Comentarios y Documentación:
- Agrega comentarios explicativos cuando sea necesario.

- Incluye docstrings para funciones y módulos.
- Describe el propósito y la funcionalidad en lugar de explicar el código línea por línea.

Evita Códigos Duplicados (DRY):
- No repitas el mismo código en diferentes partes del programa.
- Usa funciones y módulos para modularizar y reutilizar código.

División Lógica del Código:
- Separa el código en funciones y clases lógicas.
- Cada función o método debe realizar una tarea específica.

Manejo de Excepciones:
- Utiliza bloques `try`, `except`, y `finally` para manejar errores.
- Evita el uso excesivo de bloques `try-except`; maneja solo las excepciones necesarias.

Uso de Listas y Diccionarios Pythonic:
- Usa listas y diccionarios de manera eficiente y siguiendo las convenciones de Python.
- Utiliza comprensiones de listas y diccionarios en lugar de bucles tradicionales cuando sea posible.

Consistencia de Estilo:
- Sigue un estilo de codificación consistente. Puedes adoptar un estilo predefinido como el estilo PEP 8.
- Usa herramientas como `autopep8` para formatear automáticamente el código según el estilo.

Planificación y Diseño:
- Planifica antes de comenzar a codificar.
- Diseña la estructura y la lógica del programa antes de comenzar a escribir código.

Control de Versiones:

- Usa sistemas de control de versiones como Git para rastrear cambios en tu código.
- Comitea de manera regular y agrega mensajes de commit informativos.

Pruebas Unitarias y Pruebas de Integración:
- Escribe pruebas unitarias para funciones y métodos.
- Realiza pruebas de integración para verificar la interacción correcta entre los componentes del programa.

Optimización Cauta:
- Optimiza solo cuando sea necesario.
- Prioriza la legibilidad y mantenibilidad sobre la optimización prematura.

Comparte y Colabora:
- Si trabajas en un equipo, utiliza herramientas de colaboración como Git y plataformas de desarrollo colaborativo.
- Aprende de otros y comparte tu código de manera que pueda ser entendido por los demás.

Actualización y Mantenimiento:
- Actualiza bibliotecas y dependencias regularmente.
- Mantén el código actualizado y en buen estado.

10 Pasos para iniciar la realización de un programa en Python.

Aquí tienes 10 recomendaciones básicas para empezar a escribir programas en Python:

1. Instala Python: Antes de comenzar a escribir código en Python, asegúrate de tener Python instalado en tu sistema. Puedes descargarlo desde el sitio web oficial de Python (python.org) e instalar la versión adecuada para tu sistema operativo.

2. Elige un Editor de Texto o un Entorno de Desarrollo Integrado (IDE): Python es un lenguaje de programación flexible que te permite escribir código en cualquier editor de texto. Sin embargo, puedes optar por utilizar un IDE como PyCharm, VS Code, o IDLE, que ofrecen características adicionales como resaltado de sintaxis, depuración y administración de proyectos.

3. Aprende la Sintaxis Básica: Antes de comenzar a escribir programas complejos, familiarízate con la sintaxis básica de Python. Esto incluye conocer cómo declarar variables, usar estructuras de control de flujo como bucles y condicionales, y definir funciones.

4. Practica con Ejemplos Simples: La mejor manera de aprender a programar en Python es practicar con ejemplos simples. Empieza escribiendo programas cortos que realicen tareas básicas, como imprimir mensajes en la consola, realizar operaciones aritméticas simples o trabajar con listas y diccionarios.

5. Consulta la Documentación y Recursos en Línea: Python cuenta con una documentación muy completa que puedes consultar en el sitio web oficial de Python. Además, hay una gran cantidad de tutoriales, cursos en línea y comunidades de programadores dispuestos a ayudarte en caso de que tengas dudas.

6. Utiliza la Depuración: Aprende a utilizar herramientas de depuración para encontrar y corregir errores en tu código. Los IDEs suelen ofrecer funcionalidades de depuración que te permiten ejecutar tu programa paso a paso y analizar el valor de las variables en cada paso.

7. Organiza tu Código: Es importante escribir código limpio y bien organizado para facilitar su lectura y mantenimiento. Utiliza comentarios para explicar el propósito de tu código y divide tu programa en funciones y módulos para hacerlo más modular y fácil de entender.

8. Aprende a Manejar Excepciones: Python ofrece un mecanismo robusto para manejar excepciones, que te permite controlar errores y evitar que tu programa se bloquee inesperadamente. Aprende a utilizar las declaraciones try-except para manejar excepciones de manera adecuada.

9. Prueba tu Código: Antes de desplegar tu programa en un entorno de producción, asegúrate de probarlo exhaustivamente para identificar posibles errores y asegurarte de que funcione correctamente en una variedad de situaciones.

10. Continúa Aprendiendo y Practicando: La programación es un campo en constante evolución, y siempre hay algo nuevo que aprender. Dedica tiempo a seguir aprendiendo y practicando, ya sea participando en proyectos de código abierto, resolviendo desafíos de programación en línea o explorando nuevas bibliotecas y marcos de trabajo en Python. Nunca dejes de mejorar tus habilidades como programador.

Creación de Estructura de Carpetas Organizada.

Crear una estructura de carpetas organizada para tu proyecto es una buena práctica que facilita la gestión y mantenimiento del código. A continuación, te proporciono una estructura de carpetas básica para un proyecto Python:

```
mi_proyecto/
│
├── src/
│   ├── main.py
│   ├── modulo1/
│   │   ├── __init__.py
│   │   ├── modulo1_archivo1.py
│   │   └── modulo1_archivo2.py
│   │
│   ├── modulo2/
│   │   ├── __init__.py
│   │   ├── modulo2_archivo1.py
│   │   └── modulo2_archivo2.py
│   │
│   └── datos/
│   ├── __init__.py
│   ├── datos_archivo1.txt
│   └── datos_archivo2.csv
│
├── tests/
│   ├── __init__.py
│   ├── test_modulo1/
│   │   └── test_modulo1_archivo1.py
│   │
│   └── test_modulo2/
│   └── test_modulo2_archivo1.py
│
├── docs/
│   ├── conf.py
│   ├── index.rst
│   └── ...
```

```
├── README.md
├── requirements.txt
├── .gitignore
└── LICENSE
```

Explicación de la estructura:

* `src/`: Esta carpeta contiene el código fuente principal de tu proyecto.
* `main.py`: El punto de entrada principal para tu aplicación.
* `modulo1/` y `modulo2/`: Carpetas que contienen módulos relacionados con diferentes partes de la funcionalidad.
* `datos/`: Carpeta para almacenar archivos de datos.
* `tests/`: Carpeta que contiene los archivos de prueba para tus módulos.
* `test_modulo1/` y `test_modulo2/`: Carpetas que contienen archivos de prueba para los módulos correspondientes.
* `docs/`: Carpeta para la documentación de tu proyecto.
* `conf.py` y `index.rst`: Archivos de configuración y entrada para la documentación (pueden variar según la herramienta de documentación que elijas).
* `README.md`: Archivo que proporciona información sobre tu proyecto.
* `requirements.txt`: Archivo que lista las dependencias del proyecto.
* `.gitignore`: Archivo que especifica los archivos y carpetas que deben ser ignorados por Git.
* `LICENSE`: Archivo que contiene la licencia de tu proyecto.

243

Parte 9: Proyectos Prácticos

Capítulo 19: Creación de Proyectos Completos

Desarrollo de un Proyecto Completo desde Cero:

Guía paso a paso para desarrollar un proyecto completo, integrando conceptos aprendidos.

Proyecto 1: Lista de Tareas.

Vamos a crear un ejemplo simple de un proyecto completo desde cero. En este caso, desarrollaremos un programa de lista de tareas (to-do list) en la línea de comandos. Este proyecto integrará conceptos como funciones, clases, manejo de errores y almacenamiento de datos en un archivo.

Paso 1: Diseño del Proyecto

Antes de comenzar a codificar, definiremos la estructura básica de nuestro proyecto:

- `todolist.py`: El script principal.
- `tareas.txt`: Archivo para almacenar las tareas.

Paso 2: Implementación

Primero, crearemos `todolist.py`. Este script contendrá la lógica principal del **programa**.

```
# todolist.py

class Tarea:
 def __init__(self, descripcion,
completada=False):
 self.descripcion = descripcion
 self.completada = completada

 def marcar_completada(self):
 self.completada = True

def cargar_tareas():
 try:
 with open("tareas.txt", "r") as archivo:
 lineas = archivo.readlines()
 tareas = [Tarea(linea.strip()) for linea in
lineas]
 return tareas
 except FileNotFoundError:
 return []

def guardar_tareas(tareas):
```

```python
    with open("tareas.txt", "w") as archivo:
    for tarea in tareas:
    archivo.write(f"{tarea.descripcion}\n")

def mostrar_menu():
    print("1. Mostrar tareas")
    print("2. Agregar tarea")
    print("3. Marcar tarea como completada")
    print("4. Salir")


def main():
    tareas = cargar_tareas()


    while True:
    mostrar_menu()
    opcion = input("Selecciona una opción: ")

    if opcion == "1":

    print("Tareas:")
    for i, tarea in enumerate(tareas, 1):
    print(f"{i}. {tarea.descripcion}
{'(Completada)' if tarea.completada else ''}")
    elif opcion == "2":
    nueva_tarea = input("Ingrese la nueva tarea: ")
    tareas.append(Tarea(nueva_tarea))
    print("Tarea agregada.")
    elif opcion == "3":

    try:
    num_tarea = int(input("Ingrese el número de la
tarea a marcar como completada: "))
    tareas[num_tarea - 1].marcar_completada()
    print("Tarea marcada como completada.")
```

```python
        except (ValueError, IndexError):
            print("Error: Ingresa un número válido.")

        elif opcion == "4":
            guardar_tareas(tareas)
            print("¡Hasta luego!")
            break


        else:
            print("Opción no válida. Inténtalo de nuevo.")


if __name__ == "__main__":
    main()
```

Paso 3: Ejecutar el Proyecto

Guarda el código en `todolist.py` y ejecútalo. Esto iniciará el programa de lista de tareas en la línea de comandos. Puedes agregar, mostrar y marcar tareas como completadas.

Proyecto 2: Cálculo de la Correlación.

Supongamos que tenemos dos conjuntos de datos, uno representando las horas de estudio y otro representando las calificaciones obtenidas por diferentes estudiantes en un examen. Queremos calcular la correlación entre estas dos variables para entender si hay alguna relación entre el tiempo de estudio y las calificaciones obtenidas.

Pasos sugeridos para el ejercicio:
- Calcular la Media: Crea funciones para calcular la media de un conjunto de datos.
- Calcular la Covarianza: Crea una función para calcular la covarianza entre dos conjuntos de datos.
- Calcular la Desviación Estándar: Crea una función para calcular la desviación estándar de un conjunto de datos.
- Calcular la Correlación: Utiliza las funciones anteriores para calcular la correlación entre los dos conjuntos de datos.

Solución:

```
def calcular_media(datos):
    return sum(datos) / len(datos)

def calcular_covarianza(datos_x, datos_y):
    media_x = calcular_media(datos_x)
    media_y = calcular_media(datos_y)
    covarianza = sum((x - media_x) * (y -
media_y) for x, y in zip(datos_x, datos_y))
/ len(datos_x)
    return covarianza

def calcular_desviacion_estandar(datos):
    media = calcular_media(datos)
    desviacion = (sum((x - media) ** 2 for
x in datos) / len(datos)) ** 0.5
    return desviacion
```

```python
def calcular_correlacion(datos_x, datos_y):
    covarianza =
calcular_covarianza(datos_x, datos_y)
    desviacion_x =
calcular_desviacion_estandar(datos_x)
    desviacion_y =
calcular_desviacion_estandar(datos_y)
    correlacion = covarianza /
(desviacion_x *

desviacion_y)
    return correlacion

# Datos ficticios de horas de estudio y
calificaciones
horas_estudio = [4, 6, 5, 3, 7, 8, 6, 5, 3,
7]
calificaciones = [85, 92, 89, 72, 95, 98,
91, 84, 77, 90]


# Calcular la correlación entre las horas
de estudio y las calificaciones
correlacion =
calcular_correlacion(horas_estudio,
calificaciones)
print(f"La correlación entre horas de
estudio y calificaciones es:
{correlacion:.2f}")
```

Este código define funciones para calcular la media,
covarianza, desviación estándar y correlación entre dos

conjuntos de datos. Luego, calcula la correlación entre las horas de estudio y las calificaciones obtenidas por los estudiantes.

Puedes cambiar los valores en las listas `horas_estudio` y `calificaciones` para calcular la correlación entre diferentes conjuntos de datos.

Funciones:

calcular_media(datos)
- Entrada: Una lista de datos.
- Salida: El valor promedio de los datos.

calcular_covarianza(datos_x, datos_y)
- Entrada: Dos listas de datos, una para x y otra para y.
- Salida: La covarianza entre las dos listas de datos.

calcular_desviacion_estandar(datos)
- Entrada: Una lista de datos.
- Salida: La desviación estándar de los datos.

calcular_correlacion(datos_x, datos_y)
- Entrada: Dos listas de datos, una para x y otra para y.
- Salida: El coeficiente de correlación entre las dos listas de datos.

Código Principal:
Datos Ficticios:

```
horas_estudio = [4, 6, 5, 3, 7, 8, 6, 5, 3, 7]

calificaciones = [85, 92, 89, 72, 95, 98, 91, 84, 77, 90]
```

- Se proporcionan dos listas de datos ficticios: `horas_estudio` y `calificaciones`.

Cálculo de la Correlación:

```
correlacion = calcular_correlacion(horas_estudio, calificaciones)

print(f"La correlación entre horas de estudio y calificaciones es: {correlacion:.2f}")
```

- Se llama a la función `calcular_correlacion` con las listas `horas_estudio` y `calificaciones`.
- El resultado se imprime en la consola.

Funcionamiento del Código:

La función `calcular_correlacion` utiliza otras funciones (`calcular_covarianza` y `calcular_desviacion_estandar`) para realizar los cálculos necesarios.
Los datos ficticios representan horas de estudio y calificaciones de un grupo de estudiantes.

El programa calcula el coeficiente de correlación entre estas dos variables, que indica la fuerza y dirección de la relación entre ellas.

Nota: El coeficiente de correlación varía entre -1 y 1. Un valor cercano a 1 indica una correlación positiva fuerte, mientras que un valor cercano a -1 indica una correlación negativa fuerte. Un valor cercano a 0 indica una correlación débil o nula. En este caso, el resultado será específico para los datos ficticios proporcionados.

Proyecto 3: Agenda de Contactos.

Descripción: Crea un programa que permita al usuario gestionar una agenda de contactos. El programa debe permitir agregar, buscar y eliminar contactos.

Solución:

```python
agenda = {}

while True:
    opcion = input("Seleccione una opción:\n1.
Agregar contacto\n2. Buscar contacto\n3.
Eliminar contacto\n4. Salir\n")

    if opcion == "1":
        nombre = input("Ingrese el nombre del
contacto: ")

        telefono = input("Ingrese el número de
teléfono: ")

        agenda[nombre] = telefono
```

```
        print("Contacto agregado con éxito.")

    elif opcion == "2":


        nombre_buscar = input("Ingrese el nombre
del contacto a buscar: ")

        if nombre_buscar in agenda:
            print(f"Nombre: {nombre_buscar},
Teléfono: {agenda[nombre_buscar]}")
        else:
            print("Contacto no encontrado.")

    elif opcion == "3":

        nombre_eliminar = input("Ingrese el
nombre del contacto a eliminar: ")
        if nombre_eliminar in agenda:
            del agenda[nombre_eliminar]
            print("Contacto eliminado con
éxito.")
        else:
            print("Contacto no encontrado.")

    elif opcion == "4":
        break
```

Explicación del Programa

Este programa es una simple implementación de una agenda de contactos que permite al usuario agregar, buscar y eliminar contactos. A continuación, se explica el código paso a paso:

Estructura de Datos:

253

- `agenda`: Es un diccionario que se utiliza para almacenar los contactos. Cada contacto tiene un nombre como clave y un número de teléfono como valor.

Bucle Principal:
- `while True:`: Crea un bucle infinito que permite al usuario realizar múltiples operaciones en la agenda hasta que decida salir.

Opciones del Menú:
Agregar Contacto (`opcion == "1"`)
- Solicita al usuario que ingrese el nombre y el número de teléfono del nuevo contacto.
- Agrega el contacto al diccionario `agenda`.
Buscar Contacto (`opcion == "2"`)
- Solicita al usuario que ingrese el nombre del contacto a buscar.
- Verifica si el nombre está en la agenda y muestra la información si se encuentra; de lo contrario, indica que el contacto no fue encontrado.
Eliminar Contacto (`opcion == "3"`)
- Solicita al usuario que ingrese el nombre del contacto a eliminar.
- Verifica si el nombre está en la agenda y elimina el contacto si se encuentra; de lo contrario, indica que el contacto no fue encontrado.
Salir (`opcion == "4"`)
- Rompe el bucle principal, finalizando el programa.

Uso de `while True`:

- El bucle `while True` permite que el programa siga ejecutándose indefinidamente hasta que el usuario decida salir al seleccionar la opción "4".

Consideraciones Finales:

- Este programa es una implementación básica y no utiliza almacenamiento persistente. Los contactos se perderán cuando el programa se cierre.
- Para una aplicación más robusta, se podrían considerar opciones como almacenar los contactos en un archivo o utilizar una base de datos.
- La entrada del usuario (`input`) se utiliza para recibir datos, y no se realizan validaciones avanzadas en este ejemplo simple.

Este código proporciona una funcionalidad básica de gestión de contactos y puede ser un punto de partida para desarrollos más complejos.

Proyecto 4: Registro de Libros

Descripción: Desarrolla un programa que permita a un usuario llevar un registro de libros utilizando un diccionario. El programa debe permitir agregar libros, ver la lista de libros y ver detalles de un libro específico.

Solución:

```python
libros = {}

while True:
    print("\n1. Agregar libro")
    print("2. Ver lista de libros")
    print("3. Ver detalles de libro")
    print("4. Salir")

        opcion = input("Seleccione una opción:
")


  if opcion == "1":
        titulo = input("Ingrese el título del
libro: ")
        autor = input("Ingrese el nombre del
autor: ")
        año = input("Ingrese el año de
publicación: ")

        libros[titulo] = {'autor': autor, 'año':
año}
        print(f"Libro '{titulo}' agregado.")
    elif opcion == "2":
        if not libros:
            print("No hay libros en la lista.")
        else:
            print("\nLista de Libros:")


            for titulo, detalles in
libros.items():
                autor = detalles['autor']
                año = detalles['año']
```

```python
            print(f"Título: {titulo}")
            print(f"Autor: {autor}")
            print(f"Año de Publicación:
{año}")
    elif opcion == "3":

        titulo = input("Ingrese el título del libro
para ver detalles:   ")


        if titulo in libros:

    detalles = libros[titulo]

        autor = detalles['autor']

            año = detalles['año']
            print(f"Detalles de '{titulo}':")
            print(f"Autor: {autor}")

            print(f"Año de Publicación: {año}")
        else:
            print("El libro no está en la
lista.")
    elif opcion == "4":
        break
    else:
        print("Opción inválida."
```

Descripción detallada:

Este programa implementa un registro de libros utilizando un diccionario en Python. Aquí está el análisis paso a paso:

Diccionario de Libros:
- Se crea un diccionario llamado `libros` que almacenará la información de los libros. Cada libro se guarda con su título como clave y un diccionario de detalles (autor y año de publicación) como valor asociado.

Menú Principal:
- Se utiliza un bucle `while True` para presentar un menú principal al usuario.
- El menú incluye opciones para agregar un libro, ver la lista de libros, ver detalles de un libro específico y salir del programa.

Agregar Libro (`opcion == "1"`):
- Si el usuario elige la opción 1, se le pide ingresar detalles como título, autor y año de publicación.
- Se agrega un nuevo elemento al diccionario `libros` con el título como clave y un diccionario de detalles como valor.

Ver Lista de Libros (`opcion == "2"`):
- Si el usuario elige la opción 2, se verifica si hay libros en la lista.
- Si no hay libros, se muestra un mensaje indicando que la lista está vacía.
- Si hay libros, se recorre el diccionario y se imprime la información de cada libro (título, autor y año de publicación).

Ver Detalles de Libro (`opcion == "3"`):
- Si el usuario elige la opción 3, se le pide ingresar el título del libro del cual desea ver los detalles.

- Se verifica si el libro está en el diccionario y, en caso afirmativo, se imprime la información detallada del libro (autor y año de publicación).
- Si el libro no está en la lista, se muestra un mensaje indicando que no se encontró el libro.

Salir del Programa (`opcion == "4"`):
- Si el usuario elige la opción 4, se sale del bucle y finaliza el programa.

Opción Inválida:
- Si el usuario ingresa una opción que no está en el menú, se muestra un mensaje indicando que la opción es inválida.

Resumen del Propósito:

- Este programa proporciona una interfaz sencilla para que el usuario gestione un registro de libros, agregando nuevos libros, visualizando la lista de libros y obteniendo detalles específicos de un libro. Este tipo de programa puede ser útil para mantener un registro organizado de la biblioteca personal.

Ejemplo 5: Crear un Gráfico de Barras

Ejercicio de Librería Matplotlib

Descripción: Utiliza Matplotlib para crear un gráfico de barras que muestre las ventas totales por producto.

Solución:

```python
import matplotlib.pyplot as plt

# Datos de ejemplo
productos = ["Producto A", "Producto B",
"Producto C", "Producto D"]
ventas = [1000, 2500, 800, 3500]

# Crear un gráfico de barras
plt.bar(productos, ventas)
plt.xlabel("Productos")
plt.ylabel("Ventas")
plt.title("Ventas por Producto")
plt.show()
```

Resultado:

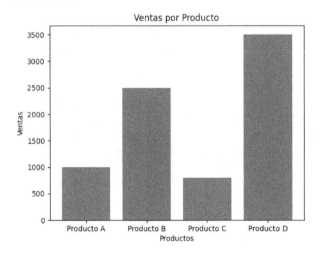

Explicación Detallada:

Importación de la biblioteca `matplotlib.pyplot`:

```
import matplotlib.pyplot as plt
```

Este import statement importa la biblioteca `matplotlib.pyplot` y le da un alias `plt` para abreviar su uso en el código. `matplotlib.pyplot` es una biblioteca de visualización de datos en Python que proporciona funciones para crear diferentes tipos de gráficos.

Datos de ejemplo:

```
productos = ["Producto A", "Producto B",
"Producto C", "Producto D"]
ventas = [1000, 2500, 800, 3500]
```

Estos son los datos de ejemplo que se utilizarán para crear el gráfico de barras. `productos` es una lista que contiene los nombres de los productos, y `ventas` es una lista que contiene las ventas correspondientes de cada producto.
Creación del gráfico de barras:

```
plt.bar(productos, ventas)
```

Esta línea de código crea el gráfico de barras utilizando la función `bar()` de `matplotlib.pyplot`. Toma dos argumentos: la lista de etiquetas de productos (`productos`) y la lista de valores de ventas (`ventas`). Cada producto se representa en el eje x y su correspondiente venta en el eje y. Configuración de etiquetas y título:

```
plt.xlabel("Productos")
plt.ylabel("Ventas")
plt.title("Ventas por Producto")
```

Estas líneas de código configuran las etiquetas de los ejes x e y y el título del gráfico utilizando las funciones `xlabel()`, `ylabel()` y `title()` de `matplotlib.pyplot`.
Mostrar el gráfico:

```
plt.show()
```

Esta línea de código muestra el gráfico de barras en una ventana emergente. `plt.show()` es una función que debe llamarse al final para mostrar el gráfico.

Ejemplos Resueltos.

Ejercicio 1: Conversión de Temperaturas

Descripción: Escribe un programa que permita al usuario convertir una temperatura de grados Celsius a grados Fahrenheit o viceversa.

Solución:

```
temperatura = float(input("Ingresa la
temperatura: "))
unidad = input("¿En qué unidad (C/F)? ")

if unidad == "C" or unidad == "c":
    fahrenheit = (temperatura * 9/5) + 32
    print("La temperatura en Fahrenheit es:",
fahrenheit)
elif unidad == "F" or unidad == "f":
    celsius = (temperatura - 32) * 5/9

  print("La temperatura en Celsius es:",
celsius)

else:
    print("Unidad no válida. Ingresa 'C' o
'F'.")
```

Explicación Detallada:

El programa permite al usuario convertir una temperatura de grados Celsius a grados Fahrenheit o viceversa.

Solución:

El programa consta de las siguientes partes:

Entrada de datos:

```
temperatura = float(input("Ingresa la
temperatura: "))
unidad = input("¿En qué unidad (C/F)? ")
```

El usuario ingresa la temperatura y la unidad en la que está expresada (Celsius o Fahrenheit).
Conversión de temperatura:

```
if unidad == "C" or unidad == "c":
 fahrenheit = (temperatura * 9/5) + 32

 print("La temperatura en Fahrenheit es:",
fahrenheit)
elif unidad == "F" or unidad == "f":
 celsius = (temperatura - 32) * 5/9
 print("La temperatura en Celsius es:",
celsius)
else:


 print("Unidad no válida. Ingresa 'C' o
'F'.")
```

Dependiendo de la unidad ingresada por el usuario, se realiza la conversión de temperatura utilizando las fórmulas de conversión entre grados Celsius y Fahrenheit. Se imprime el resultado de la conversión.

Manejo de unidades no válidas:

```
else:
 print("Unidad no válida. Ingresa 'C' o
'F'.")
```

En caso de que el usuario ingrese una unidad diferente de "C" o "F", se muestra un mensaje de error.

Ejercicio 3: Registro de Contactos

Descripción: Crea un programa que permita al usuario registrar contactos con nombre, número de teléfono y correo electrónico. Luego, permite al usuario buscar y mostrar la información de un contacto por nombre.

Solución:

```
contactos = {}

def agregar_contacto():
    nombre = input("Nombre: ")
    telefono = input("Teléfono: ")
    correo = input("Correo electrónico: ")
    contactos[nombre] = {"Teléfono": telefono,
"Correo": correo}

    print("Contacto agregado.")
```

```python
def buscar_contacto():
    nombre = input("Buscar contacto por nombre:
")
    if nombre in contactos:
        print("Información del contacto:")
        print("Nombre:", nombre)


        print("Teléfono:",
contactos[nombre]["Teléfono"])
        print("Correo electrónico:",
contactos[nombre]["Correo"])
    else:
        print("Contacto no encontrado.")


while True:
    print("\nOpciones:")
    print("1. Agregar contacto")
    print("2. Buscar contacto")
    print("3. Salir")

    opcion = input("Selecciona una opción: ")

     if opcion == "1":
        agregar_contacto()
     elif opcion == "2":

        buscar_contacto()
     elif opcion == "3":
        break
    else:
        print("Opción no válida.")
```

266

Explicación Detallada:

Este programa implementa una aplicación básica de registro de contactos. Permite al usuario agregar nuevos contactos, buscar contactos existentes por nombre y salir del programa. A continuación, se proporciona una explicación detallada de cada parte del programa:

Diccionario de contactos:
```
contactos = {}
```

Se crea un diccionario vacío llamado `contactos` que almacenará la información de los contactos. Cada contacto estará asociado a un nombre único como clave y tendrá un diccionario como valor, que contendrá el número de teléfono y el correo electrónico del contacto.

Función `agregar_contacto()`:

```
def agregar_contacto():
 nombre = input("Nombre: ")
 teléfono = input("Teléfono: ")
 correo = input("Correo electrónico: ")
 contactos[nombre] = {"Teléfono": telefono,
"Correo": correo}
 print("Contacto agregado.")
```

Esta función solicita al usuario que ingrese el nombre, número de teléfono y correo electrónico del contacto. Luego, agrega esta información al diccionario de contactos utilizando el nombre como

clave y un diccionario con el teléfono y el correo
electrónico como valor.

Función `buscar_contacto()`:

```python
def buscar_contacto():
 nombre = input("Buscar contacto por nombre: ")
 if nombre in contactos:
 print("Información del contacto:")
 print("Nombre:", nombre)
 print("Teléfono:",
contactos[nombre]["Teléfono"])
 print("Correo electrónico:",
contactos[nombre]["Correo"])
 else:
 print("Contacto no encontrado.")
```

Esta función solicita al usuario que ingrese el nombre del
contacto que desea buscar. Luego, verifica si el nombre
está presente en el diccionario de contactos. Si lo está,
imprime la información del contacto (nombre, teléfono y
correo electrónico). En caso contrario, muestra un mensaje
indicando que el contacto no fue encontrado.

Bucle principal:

```python
while True:
 print("\nOpciones:")
 print("1. Agregar contacto")
 print("2. Buscar contacto")
 print("3. Salir")
```

```
opcion = input("Selecciona una opción: ")
 if opcion == "1":
agregar_contacto()
elif opcion == "2":

buscar_contacto()
elif opcion == "3":
break

else:
print("Opción no válida.")
```

Este bucle se ejecuta continuamente y muestra al usuario las opciones disponibles: agregar un contacto, buscar un contacto o salir del programa. El usuario puede ingresar el número correspondiente a la
opción que desea ejecutar. Dependiendo de la opción seleccionada, se llama a la función correspondiente (`agregar_contacto()` o `buscar_contacto()`) o se sale del bucle si se elige la opción de salir.
Si el usuario ingresa una opción no válida, se muestra un mensaje de error.

Ejercicio 3: Calculadora de Calificaciones

Descripción: Desarrolla un programa que permita al usuario ingresar calificaciones de alumnos y calcular el promedio de calificaciones.

Solución:

```python
def calcular_promedio(calificaciones):
    total = sum(calificaciones)
    promedio = total / len(calificaciones)
    return promedio

calificaciones = []

while True:

    calificacion = float(input("Ingresa una
calificación (-1 para terminar): "))
    if calificacion == -1:
        break

 calificaciones.append(calificacion)


if calificaciones:
    promedio = calcular_promedio(calificaciones)
    print("El promedio de calificaciones es:",
promedio)
else:
    print("No se ingresaron calificaciones.")
```

Explicación detallada:

Este programa calcula el promedio de una lista de calificaciones ingresadas por el usuario. A continuación, se proporciona una explicación detallada:

Definición de la función
`calcular_promedio(calificaciones)`:

```
def calcular_promedio(calificaciones):
 total = sum(calificaciones)
 promedio = total / len(calificaciones)
 return promedio
```

Esta función toma como parámetro una lista de calificaciones y calcula su promedio. Para hacerlo, primero suma todas las calificaciones utilizando la función `sum()`, luego divide esta suma por la cantidad de calificaciones en la lista (`len(calificaciones)`) para obtener el promedio.

Inicialización de la lista de calificaciones:

```
calificaciones = []
```

Se crea una lista vacía llamada `calificaciones` que se utilizará para almacenar las calificaciones ingresadas por el usuario.

Bucle para ingresar calificaciones:

```
while True:
```

```
 calificacion = float(input("Ingresa una
calificación (-1 para terminar): "))
```

```
 if calificacion == -1:
```

```
break
```

```
    calificaciones.append(calificacion)
```

Este bucle se ejecuta continuamente y solicita al usuario que
ingrese una calificación. Si el usuario ingresa `-1`, el bucle se
interrumpe y se sale del mismo. De lo contrario, la calificación
ingresada se convierte a un número de punto flotante y se
agrega a la lista de calificaciones.
Cálculo del promedio y su impresión:

```
if calificaciones:
```

```
 promedio = calcular_promedio(calificaciones)
```

```
 print("El promedio de calificaciones es:",
promedio)
```

```
else:
```

```
 print("No se ingresaron calificaciones.")
```

Después de que el usuario ha ingresado todas las
calificaciones, se verifica si la lista de calificaciones no está
vacía. Si hay calificaciones en la lista, se calcula el promedio
utilizando la función `calcular_promedio()` y se imprime.

Si la lista de calificaciones está vacía, se imprime un
mensaje indicando que no se ingresaron calificaciones.

272

Ejercicio 4: Gestión de Tareas Pendientes

Descripción: Crea un programa que permita al usuario llevar un registro de tareas pendientes. El usuario debe poder agregar tareas, marcar tareas como completadas y ver la lista de tareas pendientes.

Solución:

```
tareas = []

def agregar_tarea():
    tarea = input("Ingresa una nueva tarea: ")
    tareas.append({"Tarea": tarea, "Completada":
False})


    print("Tarea agregada.")


def mostrar_tareas():
    if not tareas:
        print("No hay tareas pendientes.")
    else:
        print("Tareas pendientes:")


        for i, tarea in enumerate(tareas, 1):


            estado = "Completada" if
tarea["Completada"] else "Pendiente"
```

273

```python
            print(f"{i}. {tarea['Tarea']}
({estado})")

def marcar_completada():


    mostrar_tareas()
    numero_tarea = int(input("Ingresa el número
de tarea completada: "))
    if 1 <= numero_tarea <= len(tareas):

        tareas[numero_tarea - 1]["Completada"] =
True
        print("Tarea marcada como completada.")


    else:


        print("Número de tarea no válido.")

while True:
    print("\nOpciones:")
    print("1. Agregar tarea")
    print("2. Marcar tarea como completada")

    print("3. Ver tareas pendientes")
    print("4. Salir")
```

```
opcion = input("Selecciona una opción: ")

if opcion == "1":
    agregar_tarea()
elif opcion == "2":
    marcar_completada()
elif opcion == "3":
    mostrar_tareas()
elif opcion == "4":
    break
else:
    print("Opción no válida.")
```

Este programa es una aplicación simple para gestionar tareas. A continuación, se proporciona una explicación detallada de cada parte del programa:

Inicialización de la lista de tareas:
```
tareas = []
```

Se crea una lista vacía llamada `tareas`, que se utilizará para almacenar las tareas ingresadas por el usuario.
Función `agregar_tarea()`:
```
def agregar_tarea():
    tarea = input("Ingresa una nueva tarea: ")
    tareas.append({"Tarea": tarea, "Completada": False})
    print("Tarea agregada.")
```

Esta función solicita al usuario que ingrese una nueva tarea, la agrega a la lista de tareas como un diccionario con las

275

claves "Tarea" y "Completada" (esta última inicializada como `False` para indicar que la
tarea no está completada) y luego imprime un mensaje confirmando que la tarea ha sido agregada.

Función `mostrar_tareas()`:

```
def mostrar_tareas():
 if not tareas:
 print("No hay tareas pendientes.")
 else:


 print("Tareas pendientes:")
 for i, tarea in enumerate(tareas, 1):
 estado = "Completada" if tarea["Completada"]
else "Pendiente"
 print(f"{i}. {tarea['Tarea']} ({estado})")
```

Esta función verifica si la lista de tareas está vacía. Si está vacía, imprime un mensaje indicando que no hay tareas pendientes. Si hay tareas en la lista, imprime cada tarea junto con su estado (pendiente o completada) utilizando la función `enumerate()` **para enumerarlas.**

Función `marcar_completada()`:

```
def marcar_completada():
 mostrar_tareas()
 numero_tarea = int(input("Ingresa el número
de tarea completada: "))
 if 1 <= numero_tarea <= len(tareas):
 tareas[numero_tarea - 1]["Completada"] = True
 print("Tarea marcada como completada.")
```

276

```
else:
    print("Número de tarea no válido.")
```

Esta función muestra las tareas pendientes utilizando la función mostrar_tareas(), luego solicita al usuario que ingrese el número de la tarea completada. Si el número de tarea es válido, marca la tarea correspondiente como completada cambiando el valor asociado con la clave "Completada" a True. Si el número de tarea no es válido, imprime un mensaje indicando que no es válido.

Bucle principal:
```
while True:
    print("\nOpciones:")
    print("1. Agregar tarea")
    print("2. Marcar tarea como completada")
    print("3. Ver tareas pendientes")
    print("4. Salir")

    opcion = input("Selecciona una opción: ")

    if opcion == "1":

    agregar_tarea()
    elif opcion == "2":


    marcar_completada()
    elif opcion == "3":
    mostrar_tareas()
    elif opcion == "4":


    break
    else:
```

```
print("Opción no válida.")
```

Este bucle se ejecuta continuamente y muestra un menú de opciones al usuario. Dependiendo de la opción seleccionada por el usuario, llama a la función correspondiente (`agregar_tarea()`,`marcar_completada()`, `mostrar_tareas()`) o sale del bucle si se selecciona la opción "4" para salir del programa. Si el usuario ingresa una opción no válida, se imprime un mensaje indicándolo.

Ejercicios de Cadena

Ejercicio 1: Validación de Contraseña

Desarrolla un programa que verifique si una contraseña cumple con ciertos criterios, como tener al menos 8 caracteres, contener letras mayúsculas y minúsculas, y al menos un número.

Solución:

```
import re

contrasena = input("Ingresa una contraseña: ")
```

```
if len(contrasena) >= 8 and re.search(r'[a-z]',
contrasena) and re.search(r'[A-Z]', contrasena)
and re.search(r'[0-9]', contrasena):
    print("Contraseña válida.")
else:
    print("La contraseña no cumple con los
criterios.")
```

Ejercicio 2: Generador de Contraseñas

Crea un programa que genere contraseñas seguras de forma aleatoria. El usuario debe poder especificar la longitud de la contraseña.

Solución:

```
import random
import string

longitud = int(input("Longitud de la contraseña:
"))

caracteres = string.ascii_letters +
string.digits + string.punctuation
contrasena = ''.join(random.choice(caracteres)
for _ in range(longitud))
print("Contraseña generada:", contrasena)
```

Ejercicio 3: Validación de Correo Electrónico

Crea un programa que verifique si una cadena de texto ingresada por el usuario es una dirección de correo electrónico válida.

```
import re

correo = input("Ingresa una dirección de correo
electrónico: ")

if
re.match(r'^[a-zA-Z0-9._%+-]+@[a-zA-Z0-9.-]+\.[a
-zA-Z]{2,}$', correo):
    print("Correo electrónico válido.")
else:
    print("Correo electrónico no válido.")
```

Ejercicios de Condicionales

Ejercicio 1: Calculadora de Impuestos

Descripción: Crea un programa que calcule el impuesto sobre la renta (ISR) de una persona a partir de su salario anual. Aplica diferentes tasas de impuestos según rangos de ingresos.

```python
def calcular_isr(salario_anual):
    if salario_anual <= 10000:

        isr = salario_anual * 0.05

    elif salario_anual <= 50000:
        isr = salario_anual * 0.10
    else:
        isr = salario_anual * 0.20
    return isr

salario = float(input("Ingresa tu salario anual: "))
impuesto = calcular_isr(salario)
print("Impuesto sobre la renta (ISR):", impuesto)
```

Ejercicio 2: Determinar Día de la Semana

Descripción: Escribe un programa que determine el día de la semana correspondiente a una fecha ingresada por el usuario (día, mes, año).

Solución:

```
import datetime

def obtener_dia_semana(dia, mes, anio):
    fecha = datetime.date(anio, mes, dia)
    dia_semana = fecha.strftime("%A")


    return dia_semana

dia = int(input("Ingresa el día: "))
mes = int(input("Ingresa el mes: "))
anio = int(input("Ingresa el año: "))

dia_semana = obtener_dia_semana(dia, mes, anio)
print("El día de la semana es:", dia_semana)
```

Ejercicio 3: Validación de Contraseña

Descripción: Crea un programa que valide una contraseña
ingresada por el usuario. La contraseña debe tener al menos 8
caracteres y contener al menos una letra mayúscula, una letra
minúscula y un número.

Solución:

```
def validar_contrasena(contrasena):
    if len(contrasena) < 8:
```

```python
        return False
    tiene_mayuscula = any(letra.isupper() for
letra in contrasena)

    tiene_minuscula = any(letra.islower() for
letra in contrasena)
    tiene_numero = any(letra.isdigit() for
letra in contrasena)

    return tiene_mayuscula and tiene_minuscula
and tiene_numero
contrasena = input("Ingresa una contraseña: ")
if validar_contrasena(contrasena):
    print("Contraseña válida.")
else:
    print("La contraseña no cumple con los
requisitos.")
```

Ejercicios de Listas y Tuplas

Ejercicio 4: Lista de Compras

Descripción: Crea un programa que permita al usuario mantener una lista de compras. El programa debe permitir agregar, eliminar y mostrar los elementos de la lista de compras.

Solución:

```python
lista_compras = []

while True:
    print("Lista de Compras:")


    for i, item in enumerate(lista_compras,
start=1):
        print(f"{i}. {item}")



  print("\nOpciones:")
    print("1. Agregar ítem")
    print("2. Eliminar ítem")
    print("3. Salir")

    opcion = input("Selecciona una opción: ")

    if opcion == "1":

        item = input("Ingresa el ítem que deseas
agregar: ")
        lista_compras.append(item)

    elif opcion == "2":
        if lista_compras:


            indice = int(input("Ingresa el
número del ítem que deseas eliminar: "))
            if 1 <= indice <=
len(lista_compras):
```

```
                    lista_compras.pop(indice - 1)
                else:
                    print("Número de ítem no
válido.")



        else:
            print("La lista de compras está
vacía.")
        elif opcion == "3":
            break
        else:
            print("Opción no válida. Intenta de
nuevo.")
```

Ejercicio 5: Registro de Contactos

Descripción: Crea un programa que permita al usuario mantener
un registro de contactos (nombre y número de teléfono). El
programa debe permitir agregar, buscar y mostrar contactos.

Solución:

```
agenda = {}


while True:
    print("Opciones:")
    print("1. Agregar contacto")
```

```python
    print("2. Buscar contacto")
    print("3. Mostrar todos los contactos")
    print("4. Salir")


    opcion = input("Selecciona una opción: ")

    if opcion == "1":
        nombre = input("Ingresa el nombre del
contacto: ")
        telefono = input("Ingresa el número de
teléfono del contacto: ")
        agenda[nombre] = telefono
        print("Contacto agregado con éxito.")

    elif opcion == "2":

        nombre = input("Ingresa el nombre del
contacto que deseas buscar: ")
        if nombre in agenda:
            print(f"Nombre: {nombre}, Teléfono:
{agenda[nombre]}")

        else:
            print("Contacto no encontrado.")
    elif opcion == "3":
        for nombre, telefono in agenda.items():
            print(f"Nombre: {nombre}, Teléfono:
{telefono}")
    elif opcion == "4":
        break
    else:
        print("Opción no válida. Intenta de
nuevo.")
```

Ejercicio 6: Lista de Tareas Pendientes

Descripción: Crea un programa que permita al usuario mantener una lista de tareas pendientes. El programa debe permitir agregar, marcar como completada y mostrar las tareas pendientes.

Solución:

```python
tareas_pendientes = []

while True:
    print("Tareas Pendientes:")


    for i, tarea in enumerate(tareas_pendientes,
start=1):
        print(f"{i}. {tarea[0]} {'(Completada)'
if tarea[1] else ''}")

    print("\nOpciones:")
    print("1. Agregar tarea")
    print("2. Marcar tarea como completada")
    print("3. Salir")

    opcion = input("Selecciona una opción: ")


  if opcion == "1":
```

```python
        tarea = input("Ingresa la descripción de
la tarea: ")

        tareas_pendientes.append([tarea, False])


    elif opcion == "2":
        if tareas_pendientes:
            indice = int(input("Ingresa el
número de la tarea que deseas marcar como
completada: "))


            if 1 <= indice <=
len(tareas_pendientes):
                tareas_pendientes[indice - 1][1]
= True


            else:
                print("Número de tarea no
válido.")
        else:
            print("La lista de tareas pendientes
está vacía.")
    elif opcion == "3":
        break
    else:
        print("Opción no válida. Intenta de
nuevo.")
```

Ejercicios de Bucles.

Ejercicio 1: Generador de Números Primos

Descripción: Crea un programa que genere y muestre los primeros N números primos, donde N es un número ingresado por el usuario.

Solución:

```
def es_primo(num):
    if num <= 1:
        return False


    for i in range(2, num):
        if num % i == 0:
            return False
    return True

N = int(input("Ingresa la cantidad de números
primos que deseas generar: "))
numeros_primos = []

numero = 2



while len(numeros_primos) < N:
```

```python
    if es_primo(numero):

        numeros_primos.append(numero)
    numero += 1

print(f"Los primeros {N} números primos son:
{numeros_primos}")
```

Ejercicio 2: Registro de Calificaciones

Descripción: Escribe un programa que permita a un profesor
registrar las calificaciones de los estudiantes en diferentes
asignaturas. El programa debe permitir agregar calificaciones a
diferentes estudiantes y mostrar el promedio de calificaciones
de cada estudiante al final del período.

Solución:

```python
registro_calificaciones = {}


while True:


    opcion = input("Seleccione una opción:\n1.
Agregar calificación\n2. Mostrar promedios\n3.
Salir\n")
```

```python
    if opcion == "1":

        estudiante = input("Ingrese el nombre
del estudiante: ")
        calificacion = float(input("Ingrese la
calificación: "))

        if estudiante in
registro_calificaciones:

registro_calificaciones[estudiante].append(calif
icacion)
        else:
            registro_calificaciones[estudiante]
= [calificacion]

        print("Calificación registrada con
éxito.")

    elif opcion == "2":

        for estudiante, calificaciones in
registro_calificaciones.items():


            promedio = sum(calificaciones) /
len(calificaciones)

            print(f"Promedio de {estudiante}:
{promedio:.2f}")

    elif opcion == "3":
        break
```

Ejercicio 3: Simulador de Carrera

Descripción: Desarrolla un programa que simule una carrera entre varios corredores. Cada corredor tiene una velocidad constante, y el programa debe mostrar el tiempo que le toma a cada corredor cruzar la meta.

Solución:

```python
corredores = {
    "Juan": 10,   # Velocidad en metros por
segundo
    "María": 8,
    "Carlos": 12,

}

distancia_carrera = 1000   # Distancia en metros

for corredor, velocidad in corredores.items():

    tiempo = distancia_carrera / velocidad

    print(f"{corredor} cruzó la meta en
{tiempo:.2f} segundos.")
```

Ejercicio 4: Generador de Números Primos

Descripción: Crea un programa que genere y muestre los primeros N números primos, donde N es un número ingresado por el usuario.

Solución:

```python
def es_primo(num):

    if num <= 1:
        return False
    for i in range(2, num):

        if num % i == 0:
            return False


    return True

N = int(input("Ingrese la cantidad de números primos que desea generar: "))
numeros_primos = []

numero = 2

while len(numeros_primos) < N:
    if es_primo(numero):
        numeros_primos.append(numero)
    numero += 1
```

293

```
print(f"Los primeros {N} números primos son:
{numeros_primos}")
```

Ejercicios de Diccionarios.

Ejercicio 5: Registro de Contactos

Descripción: Crea un programa que permita al usuario registrar nombres y números de teléfono en un diccionario. El usuario puede agregar, actualizar y eliminar contactos.

Solución:

```
agenda = {}

while True:
    print("\n1. Agregar contacto")
    print("2. Actualizar contacto")
    print("3. Eliminar contacto")
    print("4. Mostrar contactos")
    print("5. Salir")

    opcion = input("Seleccione una opción: ")

    if opcion == "1":
```

```python
        nombre = input("Ingrese el nombre del
contacto: ")
        telefono = input("Ingrese el número de
teléfono: ")
        agenda[nombre] = telefono
    elif opcion == "2":
        nombre = input("Ingrese el nombre del
contacto a actualizar: ")

        if nombre in agenda:

            telefono = input("Ingrese el nuevo
número de teléfono: ")

            agenda[nombre] = telefono

        else:
            print("El contacto no existe en la
agenda.")
    elif opcion == "3":

        nombre = input("Ingrese el nombre del
contacto a eliminar: ")
        if nombre in agenda:
            del agenda[nombre]

        else:

            print("El contacto no existe en la
agenda.")
    elif opcion == "4":
        for nombre, telefono in agenda.items():
            print(f"{nombre}: {telefono}")
```

```
    elif opcion == "5":
        break
    else:
        print("Opción inválida.")
```

Ejercicio 6: Registro de Inventario

Descripción: Desarrolla un programa que permita a un comerciante mantener un registro de inventario utilizando un diccionario. El programa debe permitir agregar productos, actualizar sus cantidades y mostrar el inventario.

Solución:

```
inventario = {}

while True:
    print("\n1. Agregar producto")
    print("2. Actualizar cantidad")
    print("3. Mostrar inventario")
    print("4. Salir")

    opcion = input("Seleccione una opción: ")
```

```python
    if opcion == "1":
        producto = input("Ingrese el nombre del
producto: ")
        cantidad = int(input("Ingrese la
cantidad inicial: "))
        inventario[producto] = cantidad
    elif opcion == "2":

        producto = input("Ingrese el nombre del
producto a actualizar: ")
        if producto in inventario:
            cantidad = int(input("Ingrese la
nueva cantidad: "))
            inventario[producto] = cantidad
        else:


            print("El producto no existe en el
inventario.")

    elif opcion == "3":
        for producto, cantidad in
inventario.items():

            print(f"{producto}: {cantidad}
unidades")


 elif opcion == "4":
        break
    else:
        print("Opción inválida.")
```

Ejercicio 7: Sistema de Reservas de Vuelo

Descripción: Crea un programa que permita a los usuarios reservar vuelos y consultar sus reservas. Usa un diccionario para llevar un registro de las reservas por nombre de pasajero y número de vuelo.

Solución:

```
reservas = {}

while True:
    print("\n1. Reservar vuelo")
    print("2. Consultar reservas")
    print("3. Salir")

    opcion = input("Seleccione una opción: ")


    if opcion == "1":
        nombre_pasajero = input("Ingrese su
nombre: ")
        numero_vuelo = input("Ingrese el número
de vuelo: ")

        reservas[nombre_pasajero] = numero_vuelo
        print(f"Reserva confirmada para
{nombre_pasajero} en el vuelo {numero_vuelo}.")
```

```
    elif opcion == "2":


        nombre_pasajero = input("Ingrese su
nombre para consultar la reserva: ")
        if nombre_pasajero in reservas:
            numero_vuelo =
reservas[nombre_pasajero]
            print(f"Reserva encontrada para
{nombre_pasajero} en el vuelo {numero_vuelo}.")
        else:

            print("No se encontró ninguna
reserva para ese nombre.")
    elif opcion == "3":
        break
    else:
        print("Opción inválida.")
```

Ejercicios de Funciones.

Ejercicio 1: Calculadora de Propinas

Descripción: Crea una función llamada calcular_propina que tome el costo de una comida y un porcentaje de propina como argumentos y calcule el monto total que debe pagar, incluida la propina.

Solución:

```python
def calcular_propina(costo_comida,
porcentaje_propina):
    propina - costo_comida * (porcentaje_propina
/ 100)
    total = costo_comida + propina

    return total

costo = float(input("Ingrese el costo de la
comida: "))
porcentaje = float(input("Ingrese el porcentaje
de propina a dejar (por ejemplo, 15): "))
total_a_pagar = calcular_propina(costo,
porcentaje)

print(f"Total a pagar, incluida la propina:
${total_a_pagar:.2f}")
```

Ejercicio 2: Conversión de Temperatura

Descripción: Crea una función llamada celsius_a_fahrenheit que convierta una temperatura en grados Celsius a grados Fahrenheit.

Solución:

```python
def celsius_a_fahrenheit(celsius):
```

```
fahrenheit = (celsius * 9/5) + 32
    return fahrenheit
```

```
temperatura_celsius = float(input("Ingrese la
temperatura en grados Celsius: "))
temperatura_fahrenheit =
celsius_a_fahrenheit(temperatura_celsius)
print(f"La temperatura en grados Fahrenheit es:
{temperatura_fahrenheit:.2f}°F")
```

Ejercicio 3: Calculadora de Hipotenusa

Descripción: Crea una función llamada calcular_hipotenusa que
calcule la longitud de la hipotenusa de un triángulo rectángulo
dado su cateto A y cateto B.

Solución:

```
import math
```

```
def calcular_hipotenusa(cateto_a, cateto_b):

    hipotenusa = math.sqrt(cateto_a ** 2 +
cateto_b ** 2)

    return hipotenusa
```

```
cateto1 = float(input("Ingrese la longitud del
primer cateto: "))

cateto2 = float(input("Ingrese la longitud del
segundo cateto: "))
hipotenusa_calculada =
calcular_hipotenusa(cateto1, cateto2)

print(f"La longitud de la hipotenusa es:
{hipotenusa_calculada:.2f}")
```

Ejercicio 4: Filtrado de Números Pares

Descripción: Crea una función que tome una lista de números y use programación funcional para filtrar los números pares.

Solución:

```
def filtrar_pares(numeros):

    return list(filter(lambda x: x % 2 == 0,
numeros))

numeros = [1, 2, 3, 4, 5, 6, 7, 8, 9, 10]
pares = filtrar_pares(numeros)
print("Números pares:", pares)
```

Ejercicio 5: Mapeo de Números a Cuadrados

Descripción: Crea una función que tome una lista de números y use programación funcional para mapear los números a sus cuadrados.

Solución:

```
def mapear_a_cuadrados(numeros):
    return list(map(lambda x: x ** 2, numeros))


numeros = [1, 2, 3, 4, 5]
cuadrados = mapear_a_cuadrados(numeros)

print("Cuadrados de los números:", cuadrados)
```

Ejercicio 6: Reducción de una Lista

Descripción: Crea una función que tome una lista de números y use programación funcional para reducir la lista a la suma de todos los números.

Solución:

```
from functools import reduce

def reducir_a_suma(numeros):
    return reduce(lambda x, y: x + y,
numeros)

numeros = [1, 2, 3, 4, 5]
```

```
suma_total = reducir_a_suma(numeros)
print("Suma de los números:", suma_total)
```

Ejercicios de Manejos de Archivos.

Ejercicio 1: Lectura de un Archivo de Texto

Descripción: Crea una función que lea un archivo de texto dado y muestre su contenido por pantalla.

Solución:

```
def leer_archivo(nombre_archivo):
    try:
        with open(nombre_archivo, 'r') as
archivo:
            contenido = archivo.read()
            print(contenido)
    except FileNotFoundError:
        print(f"El archivo '{nombre_archivo}' no
fue encontrado.")

nombre_archivo = "archivo.txt"
leer_archivo(nombre_archivo)
```

Ejercicio 2: Escritura en un Archivo de Texto

Descripción: Crea una función que escriba un mensaje en un archivo de texto. Si el archivo no existe, debería crearlo.

Solución:

```
def escribir_en_archivo(nombre_archivo,
mensaje):
    with open(nombre_archivo, 'w') as archivo:
        archivo.write(mensaje)

nombre_archivo = "archivo.txt"
mensaje = "Hola, este es un mensaje de prueba."
escribir_en_archivo(nombre_archivo, mensaje)
```

Ejercicio 3: Copia de un Archivo a Otro

Descripción: Crea una función que copie el contenido de un archivo de texto a otro archivo.

Solución:

```
def copiar_archivo(origen, destino):



try:
    with open(origen, 'r') as
archivo_origen:
        contenido = archivo_origen.read()
        with open(destino, 'w') as
archivo_destino:

            archivo_destino.write(contenido)
    print(f"El archivo '{origen}' ha sido
copiado en '{destino}'.")

except FileNotFoundError:
    print(f"El archivo '{origen}' no fue
encontrado.")

archivo_origen = "origen.txt"
archivo_destino = "destino.txt"
copiar_archivo(archivo_origen, archivo_destino)
```

Ejercicio 4: Análisis de Logs de Acceso a un Sitio Web

Descripción: Crea una función que analice un archivo de logs de acceso a un sitio web y genere estadísticas sobre la cantidad de visitas, direcciones IP únicas y más.

Solución:

```
def analizar_logs(nombre_archivo):


    try:

    with open(nombre_archivo, 'r') as archivo:

            lineas = archivo.readlines()
            cantidad_visitas = len(lineas)
            ips_unicas = set()
            for linea in lineas:
                partes = linea.split()
                if len(partes) > 0:
                    ip = partes[0]

                ips_unicas.add(ip)
            print(f"Cantidad de visitas:
{cantidad_visitas}")
            print(f"Cantidad de direcciones IP
únicas: {len(ips_unicas)}")


    except FileNotFoundError:
        print(f"El archivo '{nombre_archivo}' no
fue encontrado.")

nombre_archivo = "logs.txt"

analizar_logs(nombre_archivo)
```

Ejercicio 5: Conversión de CSV a JSON

Descripción: Crea una función que lea un archivo CSV y lo convierta en un archivo JSON.

Solución:

```
import csv
import json

def csv_a_json(archivo_csv, archivo_json):
    try:
        with open(archivo_csv, 'r') as csv_file:
            csv_reader =
csv.DictReader(csv_file)
            datos = [fila for fila in
csv_reader]

        with open(archivo_json, 'w') as
json_file:
            json.dump(datos, json_file,
indent=4)

        print(f"Archivo CSV '{archivo_csv}'
convertido a JSON en '{archivo_json}'.")




    except FileNotFoundError:

        print(f"El archivo '{archivo_csv}' no
fue encontrado.")
```

```
archivo_csv = "datos.csv"

archivo_json = "datos.json"
csv_a_json(archivo_csv, archivo_json)
```

Ejercicios de Desarrollo Web

Ejercicio 1: Clasificación de Archivos por Tipo

Descripción: Crea una función que lea una carpeta y clasifique los archivos por tipo (por ejemplo, imágenes, documentos, música) y muestre la cantidad de archivos de cada tipo.

Solución:

```python
import os

def clasificar_archivos_por_tipo(carpeta):

    tipos_archivos = {}

    try:
        for archivo in os.listdir(carpeta):
```

```python
        if
os.path.isfile(os.path.join(carpeta,
archivo)):
            extension =
archivo.split('.')[-1]


            if extension in
tipos_archivos:

tipos_archivos[extension] += 1
            else:

tipos_archivos[extension] = 1


    for extension, cantidad in
tipos_archivos.items():

        print(f"Tipo de archivo:
{extension}, Cantidad: {cantidad}")


    except FileNotFoundError:
        print(f"La carpeta '{carpeta}' no
fue encontrada.")

carpeta = "mi_carpeta"
clasificar_archivos_por_tipo(carpeta)
```

Ejercicios de Depuración.

Ejercicio 1: Error de Sintaxis

Descripción: El siguiente código tiene un error de sintaxis más complejo. Tu tarea es identificar y corregir el error para que el programa se ejecute correctamente.

```
def calcular_promedio(numeros):

    suma = 0
    for numero in numeros:

        suma += numero


    promedio = suma / len(numeros)
      volver promedio


numeros = [10, 20, 30, 40, 50]

promedio = calcular_promedio(numeros)
imprimir("El promedio es:", promedio)
```

Solución:

```
def calcular_promedio(numeros):
    suma = 0
    for numero in numeros:
        suma += numero
```

```
    promedio = suma / len(numeros)
    return promedio

numeros = [10, 20, 30, 40, 50]
promedio = calcular_promedio(numeros)
print("El promedio es:", promedio)
```

Ejercicio 2: Errores de Tipos

Descripción: Encuentra y corrige los errores de tipos en el siguiente código que concatena una cadena y un número.

```
cadena = "Python"
numero = 3

resultado = cadena + numero

print("Resultado:", resultado)
```

Solución:
```
cadena = "Python"
numero = 3
resultado = cadena + str(numero)
print("Resultado:", resultado)
```

Ejercicio 3: Errores de Índice

Descripción: Encuentra y corrige los errores de índice en el siguiente código que intenta acceder a elementos de una lista.

```
mi_lista = [1, 2, 3]
elemento = mi_lista[3]
print("Elemento:", elemento)
```

Solución:
```
mi_lista = [1, 2, 3]
elemento = mi_lista[2]
print("Elemento:", elemento)
```

Ejercicios con Librería Pandas

Ejercicio 1: Cargar y Explorar un Conjunto de Datos

Descripción: Carga un conjunto de datos CSV llamado "ventas.csv" y muestra las primeras 5 filas para explorar su contenido.

Solución:

```
import pandas as pd

# Cargar el conjunto de datos
df = pd.read_csv("ventas.csv")
```

```
# Mostrar las primeras 5 filas
```

```
print(df.head())
```

Ejercicio 2: Filtrar y Seleccionar Datos

Descripción: Filtra el conjunto de datos para mostrar solo las ventas con un monto mayor a $1000 y muestra solo las columnas "Fecha" y "Monto".

Solución:

```
import pandas as pd

# Cargar el conjunto de datos
df = pd.read_csv("ventas.csv")


# Filtrar y seleccionar datos
ventas_filtradas = df[df["Monto"] >
1000][["Fecha", "Monto"]]
print(ventas_filtradas)
```

Ejercicio 3: Agrupar y Calcular Estadísticas

Descripción: Agrupa el conjunto de datos por el campo "Producto" y calcula el promedio de las ventas para cada producto.

Solución:

```
import pandas as pd

# Cargar el conjunto de datos
df = pd.read_csv("ventas.csv")


# Agrupar y calcular estadísticas
ventas_por_producto =
df.groupby("Producto")["Monto"].mean()
print(ventas_por_producto)
```

Ejercicios de Librería Matplotlib

Ejercicio 1: Crear un Gráfico de Barras

Descripción: Utiliza Matplotlib para crear un gráfico de barras que muestre las ventas totales por producto.

Solución:

```python
import matplotlib.pyplot as plt

# Datos de ejemplo

productos = ["Producto A", "Producto B",
"Producto C", "Producto D"]
ventas = [1000, 2500, 800, 3500]

# Crear un gráfico de barras
plt.bar(productos, ventas)
plt.xlabel("Productos")
plt.ylabel("Ventas")
plt.title("Ventas por Producto")
plt.show()
```

Ejercicio 2: Crear un Gráfico de Líneas

Descripción: Utiliza Matplotlib para crear un gráfico de líneas que muestre la evolución de las ventas a lo largo del tiempo.

Solución:

```python
import matplotlib.pyplot as plt

# Datos de ejemplo
meses = ["Ene", "Feb", "Mar", "Abr", "May"]
ventas = [1000, 1200, 800, 1500, 2000]
```

```
# Crear un gráfico de líneas

plt.plot(meses, ventas, marker='o',
linestyle='-')
plt.xlabel("Meses")
plt.ylabel("Ventas")

plt.title("Evolución de Ventas Mensuales")
plt.grid(True)
plt.show()
```

Ejercicio 3: Crear un Gráfico de Pastel

Descripción: Utiliza Matplotlib para crear un gráfico de pastel que muestre la distribución de ventas por categoría de productos.

Solución:

```
import matplotlib.pyplot as plt

# Datos de ejemplo
categorias = ["Electrónica", "Ropa", "Hogar",
"Juguetes"]
ventas = [2500, 1800, 1200, 900]

# Crear un gráfico de pastel
plt.pie(ventas, labels=categorias,
autopct='%1.1f%%')
plt.title("Distribución de Ventas por
Categoría")
plt.show()
```

Nivel Intermedio

Ejercicio 1: Análisis de Datos Climáticos

Supongamos que tienes un archivo CSV llamado `datos_climaticos.csv` que contiene información sobre la temperatura diaria en una ciudad durante

un año. Cada fila del archivo tiene el formato `fecha,temperatura` donde la fecha está en el formato 'YYYY-MM-DD' y la temperatura es un número.

Tu tarea es escribir un programa en Python que lea este archivo, calcule la temperatura promedio mensual y encuentre el mes con la temperatura promedio más alta.

Ejemplo de datos en el archivo `datos_climaticos.csv`:

```
fecha,temperatura
2023-01-01,20
2023-01-02,22
2023-01-03,19
...
2023-12-31,18
```

Pasos sugeridos para el ejercicio:
1. Leer el archivo CSV: Utiliza la biblioteca `csv` de Python para leer los datos del archivo.

2. Procesar los datos: Calcula la temperatura promedio mensual. Puedes hacer uso de estructuras de datos como diccionarios o listas para almacenar estos promedios.

3. Encontrar el mes con la temperatura más alta: Determina cuál fue el mes con la temperatura promedio más alta a partir de los datos obtenidos.

Este ejercicio puede ser útil para alguien interesado en analizar datos climáticos y obtener información útil sobre las variaciones de temperatura a lo largo de un año en una ciudad específica.

Solución:

```python
import csv
from collections import defaultdict


def leer_datos_climaticos(archivo):
    datos = defaultdict(list)

    with open(archivo, newline='') as csvfile:

        reader = csv.DictReader(csvfile)
        for row in reader:
```

319

```python
        fecha = row['fecha']

        temperatura =
int(row['temperatura'])

        mes = fecha.split('-')[1]   #
Extraer el mes de la fecha


 datos[mes].append(temperatura)

    return datos

def calcular_temperatura_promedio(datos):
    promedios_mensuales = {}


    for mes, temperaturas in datos.items():

        promedio = sum(temperaturas) /
len(temperaturas)
        promedios_mensuales[mes] = promedio

    return promedios_mensuales

def
mes_con_temperatura_mas_alta(promedios_mens
uales):

    mes_max_temperatura =
max(promedios_mensuales,
key=promedios_mensuales.get)
```

```python
    temperatura_maxima =
promedios_mensuales[mes_max_temperatura]

    return mes_max_temperatura,
temperatura_maxima

# Lectura de datos del archivo
archivo_clima = 'datos_climaticos.csv'
datos_clima =
leer_datos_climaticos(archivo_clima)


# Cálculo de temperatura promedio mensual
promedios_mensuales =
calcular_temperatura_promedio(datos_clima)

# Encontrar el mes con la temperatura
promedio más alta

mes_mas_alta, temp_mas_alta =
mes_con_temperatura_mas_alta(promedios_mens
uales)


print(f"El mes con la temperatura promedio
más alta fue el mes {mes_mas_alta} con una
temperatura promedio de {temp_mas_alta:.2f}
grados.")
```

Este código utiliza la biblioteca `csv` para leer el archivo de datos climáticos, calcula los promedios mensuales de temperatura y determina el mes con la temperatura promedio más alta.

Recuerda ajustar el nombre del archivo y la estructura de los datos según el formato real de tu archivo `datos_climaticos.csv`

Ejercicio 2: Simulación del Movimiento de un Proyectil

Supongamos que queremos simular el movimiento de un proyectil lanzado desde el suelo con una cierta velocidad inicial y ángulo de lanzamiento. Vamos a calcular la trayectoria del proyectil y determinar su alcance máximo.

Datos ficticios:
- Velocidad inicial: 30 m/s
- Ángulo de lanzamiento: 45 grados
- Aceleración debido a la gravedad: 9.81 m/s²

Pasos sugeridos para el ejercicio:
Descomponer la velocidad inicial: Calcula las componentes horizontal y vertical de la velocidad inicial.
Calcular el tiempo de vuelo: Usa la fórmula

Donde:
V0 es la Velocidad Inicial
θ es el ángulo de lanzamiento y
g es la aceleración debido a la gravedad.

$$t = \frac{2 \times V_0 \times \sin(\theta)}{g}$$

$$R = V_{0x} \times t$$

Calcular el alcance máximo: Usa la fórmula
donde
$V0x$ es la componente horizontal de la velocidad inicial y
t es el tiempo de vuelo.

Solución:

```
import math

def
calcular_alcance_maximo(velocidad_inicial,
angulo_lanzamiento, gravedad):

    # Descomponer la velocidad inicial en
componentes horizontal y vertical

    velocidad_horizontal = velocidad_inicial
*
math.cos(math.radians(angulo_lanzamiento))
    velocidad_vertical = velocidad_inicial
*
math.sin(math.radians(angulo_lanzamiento))

    # Calcular el tiempo de vuelo
    tiempo_vuelo = (2 * velocidad_inicial *
math.sin(math.radians(angulo_lanzamiento)))
/ gravedad
```

```
    # Calcular el alcance máximo
    alcance_maximo = velocidad_horizontal *
tiempo_vuelo
    return alcance_maximo


# Datos ficticios
velocidad_inicial = 30  # m/s
angulo_lanzamiento = 45  # grados
gravedad = 9.81  # m/s² (aceleración debido
a la gravedad)


# Calcular el alcance máximo del proyectil
alcance =
calcular_alcance_maximo(velocidad_inicial,
angulo_lanzamiento, gravedad)


print(f"El alcance máximo del proyectil es
de {alcance:.2f} metros.")
```

Este código calcula el alcance máximo de un proyectil lanzado con cierta velocidad inicial y ángulo de lanzamiento. Ajusta los valores de velocidad inicial, ángulo y gravedad según tus necesidades o datos reales si es necesario.

Ejercicio 3: Suma de Factoriales

Calcular el Factorial: Crea una función que calcule el factorial de un número dado.
Encontrar la Suma de los Factoriales: Utiliza la función creada para calcular el factorial de una secuencia de números y encontrar la suma de estos
factoriales.

Solución:

```python
def calcular_factorial(numero):


    factorial = 1
    for i in range(1, numero + 1):
        factorial *= i
    return factorial


def suma_factoriales(secuencia_numeros):
    suma = 0


    for numero in secuencia_numeros:
        factorial =
calcular_factorial(numero)
        suma += factorial


    return suma
```

```
# Secuencia de números (puedes cambiar
estos valores según tu preferencia)
secuencia = [3, 4, 5]

# Calcular la suma de los factoriales de la
secuencia dada
resultado_suma =
suma_factoriales(secuencia)

print(f"La suma de los factoriales de la
secuencia {secuencia} es:
{resultado_suma}")
```

En este ejercicio, la función `calcular_factorial` calcula el factorial de un número dado. Luego, la función `suma_factoriales` toma una secuencia de números y utiliza la función `calcular_factorial` para calcular los factoriales de estos números y encontrar la suma de los factoriales.

Ejercicio 4: Desarrollar una Aplicación Web Simple.

Para desarrollar una aplicación web simple, utilizaremos Flask, un framework de Python que facilita la creación de aplicaciones web. Vamos a crear una aplicación web básica que tenga una página principal y una página para mostrar información sobre nosotros.

Solución:

Configuración de Flask:
- Instala Flask (`pip install flask`) si aún no lo tienes.
- Crea un archivo Python para tu aplicación web.

Definición de Rutas y Vistas:
- Define una ruta para la página principal (`/`) que mostrará un mensaje de bienvenida.
- Define otra ruta (`/about`) que mostrará información sobre ti o sobre la página.

Ejecución de la Aplicación:
- Ejecuta tu aplicación para verla en funcionamiento.

Solución (Ejemplo de Desarrollo de una Aplicación Web Simple con Flask):

Crea un archivo Python llamado `app.py` con el siguiente contenido:

```python
from flask import Flask

app = Flask(__name__)

@app.route('/')
def index():
    return '¡Bienvenido a mi aplicación web!'

@app.route('/about')
def about():

    return 'Esta es una página sobre mí.'
```

```
if __name__ == '__main__':
    app.run(debug=True)
```

Ejecuta este archivo Python y accede a
`http://127.0.0.1:5000/` en tu navegador para ver la
página de inicio, y accede a
`http://127.0.0.1:5000/about` para ver la página
sobre ti. Esto es solo un ejemplo básico; puedes
expandirlo para agregar más rutas, plantillas HTML, estilos
CSS, etc. El argumento `debug=True` permite que Flask se
reinicie automáticamente cuando realizas cambios en el
código. ¡Explora y experimenta con la creación de tu
aplicación web!

Ejercicio 5: Creación de una API con Flask o Django

Creación de una API con Flask o Django

Crear una API con Flask o Django es un proyecto interesante.
Te proporcionaré un ejemplo básico usando Flask para
construir una API que tenga una ruta para obtener
información sobre usuarios.

Ejercicio: Creación de una API con Flask

Instalación de Flask:

●   Asegúrate de tener Flask instalado. Puedes instalarlo
con `pip install Flask`.

Configuración de la API:

- Crea un archivo Python para tu API.

Definición de Rutas y Vistas:

- Define una ruta /usuarios que devuelva una lista de usuarios (simulada en este caso).

Ejecución de la API:

- Ejecuta tu API y realiza solicitudes para obtener la información de los usuar**ios.**

Solución (Ejemplo de Creación de una API con Flask):

```python
from flask import Flask, jsonify

app = Flask(__name__)

# Datos simulados de usuarios
usuarios = [

    {"id": 1, "nombre": "Juan", "apellido":
"Pérez"},
    {"id": 2, "nombre": "María",
"apellido": "García"},
    {"id": 3, "nombre": "Carlos",
"apellido": "López"}
]

# Ruta para obtener información de usuarios
@app.route('/usuarios', methods=['GET'])
def obtener_usuarios():
    return jsonify({"usuarios": usuarios})


if __name__ == '__main__':
    app.run(debug=True)
```

Este código define una API simple con Flask. La ruta `/usuarios` devuelve información simulada sobre usuarios en formato JSON. Ejecuta este código y accede a `http://127.0.0.1:5000/usuarios` en tu navegador o utilizando herramientas como Postman para obtener la información de los usuarios. Este es solo un ejemplo básico; puedes expandir la API agregando más rutas, conectándola a una base de datos, implementando autenticación, etc. dependiendo de tus necesidades.

Ejercicio 6: Análisis de Redes Sociales:

Para un ejercicio de análisis de redes sociales, podríamos utilizar la librería NetworkX en Python para analizar una red simple y calcular algunas métricas básicas.

Ejercicio: Análisis de Redes Sociales con NetworkX

Construcción de una Red Simple:
•   Crea una red simple de usuarios y conexiones entre ellos.

Visualización de la Red:
•   Utiliza NetworkX para visualizar la red de usuarios y conexiones.

Cálculo de Métricas:
•   Calcula algunas métricas básicas de la red, como el número de nodos, el número de conexiones, la distribución de grados, etc.

Solución (Ejemplo de Análisis de Redes Sociales con NetworkX en Python):

```python
import networkx as nx
import matplotlib.pyplot as plt

# Creación de una red simple
G = nx.Graph()
G.add_nodes_from(["Usuario1", "Usuario2",
"Usuario3", "Usuario4", "Usuario5"])

G.add_edges_from([("Usuario1", "Usuario2"),
("Usuario1", "Usuario3"), ("Usuario2",
"Usuario3"),
                    ("Usuario2", "Usuario4"),
("Usuario3", "Usuario4"), ("Usuario4",
"Usuario5")])

# Visualización de la red
plt.figure(figsize=(8, 6))
pos = nx.spring_layout(G)    #
Posicionamiento de nodos


nx.draw(G, pos, with_labels=True,
node_color='skyblue', node_size=800,
font_weight='bold', font_size=10)
plt.title('Red Social')


plt.show()

# Cálculo de métricas
num_nodos = G.number_of_nodes()
```

```
num_conexiones = G.number_of_edges()
grados = dict(G.degree())

print(f"Número de nodos: {num_nodos}")
print(f"Número de conexiones:
{num_conexiones}")
print("Grados de los nodos:", grados)
```

En este ejercicio, se crea una red social simple con algunos usuarios y conexiones entre ellos. Luego, se visualiza la red utilizando NetworkX y se calculan algunas métricas básicas, como el número de nodos, el número de conexiones y los grados de los nodos en la red.

Esta es una introducción básica al análisis de redes sociales, y puedes explorar más métricas y visualizaciones avanzadas con NetworkX para comprender mejor las propiedades de la red.

Nivel Avanzado

Ejercicio 1: Grafo Dirigido y ponderado

Ejercicio: Implementación de un grafo dirigido ponderado y detección de ciclos

Descripción:

Implementa un grafo dirigido ponderado en Python y crea una función para detectar ciclos en el grafo utilizando la técnica de búsqueda en profundidad (DFS). Este algoritmo verificará si el grafo contiene ciclos y, en caso afirmativo, devolverá los nodos involucrados en el ciclo.

Solución paso a paso:

Paso 1: Implementar la estructura de datos para un grafo dirigido ponderado.
Paso 2: Crear una función que realice una búsqueda en profundidad para detectar ciclos en el grafo.

Paso 3: Devolver los nodos involucrados en el ciclo, si se encuentra alguno.

Aquí tienes un esbozo de cómo podrías implementar este ejercicio:

```python
from collections import defaultdict


class Grafo:
    def __init__(self):
        self.vertices = set()

        self.grafo = defaultdict(list)
```

```python
    def agregar_arista(self, origen,
destino, peso):
        self.grafo[origen].append((destino,
peso))
        self.vertices.add(origen)
        self.vertices.add(destino)

    def tiene_ciclo(self):
        visitados = set()
        en_proceso = set()
        ciclo = []

        def dfs(nodo):
            visitados.add(nodo)


            en_proceso.add(nodo)

            for vecino, _ in
self.grafo[nodo]:
                if vecino not in visitados:
                    if dfs(vecino):
                        return True
                elif vecino in en_proceso:
                    ciclo.append(vecino)
                    while ciclo[-1] !=
nodo:

ciclo.append(en_proceso.pop())
                    ciclo.append(vecino)
                    return True



            en_proceso.remove(nodo)
            return False
```

```python
        for nodo in self.vertices:


            if nodo not in visitados:
                if dfs(nodo):
                    ciclo.reverse()
                    return ciclo


    return None



# Ejemplo de uso


grafo = Grafo()
grafo.agregar_arista('A', 'B', 1)
grafo.agregar_arista('B', 'C', 2)
grafo.agregar_arista('C', 'D', 3)
grafo.agregar_arista('D', 'B', 4)



resultado = grafo.tiene_ciclo()
if resultado:
    print("El grafo tiene un ciclo:",
resultado)
else:
    print("El grafo no tiene ciclos")
```

Explicación:

335

Se define una clase `Grafo` que representa un grafo dirigido ponderado y contiene métodos para agregar aristas y detectar ciclos.

El método `agregar_arista` agrega aristas al grafo.

El método `tiene_ciclo` utiliza búsqueda en profundidad (DFS) para detectar ciclos en el grafo. Si encuentra un ciclo, devuelve los nodos involucrados en el ciclo.

En este ejemplo, se crea un grafo dirigido ponderado y se verifica si contiene ciclos utilizando el algoritmo de búsqueda en profundidad (DFS). Esta implementación puede detectar ciclos en grafos dirigidos ponderados y devolver los nodos que forman el ciclo.

Proyectos de análisis de datos.

Ejercicio 1: Análisis de ventas mensuales

Descripción:

Supongamos que tienes un conjunto de datos CSV que contiene información mensual de ventas de una empresa. El ejercicio consistirá en cargar estos datos, realizar algunas operaciones básicas de limpieza y análisis exploratorio, y generar algunas visualizaciones simples para comprender mejor los datos.

Pasos a seguir:

Paso 1: Carga de datos y exploración inicial.
Paso 2: Limpieza y preprocesamiento de datos si es necesario.
Paso 3: Análisis exploratorio y cálculo de estadísticas básicas.

Paso 4: Generación de visualizaciones para representar los datos.

Aquí tienes un esbozo de cómo podrías realizar este ejercicio:

```python
import pandas as pd
import matplotlib.pyplot as plt


# Paso 1: Carga de datos y exploración
inicial
data = pd.read_csv('ventas_mensuales.csv')
# Reemplaza 'ventas_mensuales.csv' con el
nombre de tu archivo CSV


print("Primeras filas del conjunto de
datos:")
print(data.head())


# Paso 2: Limpieza y preprocesamiento de
datos
```

```python
# Ejemplo: Eliminar filas con valores
faltantes si es necesario
data = data.dropna()

# Paso 3: Análisis exploratorio y cálculo
de estadísticas básicas
total_ventas = data['Total_Ventas'].sum()
promedio_ventas =
data['Total_Ventas'].mean()

venta_maxima = data['Total_Ventas'].max()
mes_venta_maxima =
data.loc[data['Total_Ventas'].idxmax()]['Me
s']

print("\nEstadísticas de ventas:")
print(f"Total de ventas: ${total_ventas}")
print(f"Promedio de ventas:
${promedio_ventas:.2f}")
print(f"Venta máxima en un mes:
${venta_maxima} en {mes_venta_maxima}")

# Paso 4: Generación de visualizaciones
plt.figure(figsize=(10, 6))
plt.plot(data['Mes'], data['Total_Ventas'],
marker='o', linestyle='-')
plt.title('Ventas Mensuales')
plt.xlabel('Mes')
plt.ylabel('Total de Ventas ($)')
plt.grid(True)

plt.xticks(rotation=45)
plt.tight_layout()
plt.show()
```

Nota: Asegúrate de tener un archivo CSV de ventas mensuales con una columna 'Mes' y otra columna 'Total_Ventas' o ajusta el código para adaptarlo a la estructura de tu conjunto de datos.

Este ejercicio te permite cargar datos de ventas mensuales, realizar operaciones básicas de limpieza y análisis, y generar una visualización simple de las ventas a lo largo de los meses. Puedes expandir este análisis agregando más gráficos, calculando más estadísticas, o aplicando técnicas de análisis más avanzadas según sea necesario.

Ejercicio 2: Análisis de datos de ventas de una tienda en línea.

Descripción:

Supongamos que tienes un conjunto de datos CSV que contiene información sobre las ventas de una tienda en línea, incluyendo detalles como el número de ventas, categoría de productos, precios, etc. El ejercicio consistirá en cargar estos datos, realizar un análisis exploratorio y generar visualizaciones que ayuden a entender las tendencias de ventas.

Pasos a seguir:

Paso 1: Carga de datos y exploración inicial.

Paso 2: Limpieza y preprocesamiento de datos si es necesario.

Paso 3: Análisis exploratorio para comprender las ventas por categoría, precios, y tendencias a lo largo del tiempo.

Paso 4: Generación de visualizaciones para representar los datos de ventas.

Aquí tienes un esbozo de cómo podrías realizar este ejercicio:

```python
import pandas as pd
import seaborn as sns
import matplotlib.pyplot as plt


# Paso 1: Carga de datos y exploración
inicial
data = pd.read_csv('ventas_tienda.csv')  #
Reemplaza 'ventas_tienda.csv' con el nombre
de tu archivo CSV
print("Primeras filas del conjunto de
datos:")
print(data.head())


# Paso 2: Limpieza y preprocesamiento de
datos
# Ejemplo: Convertir la columna de fechas a
tipo datetime si es necesario
data['Fecha'] =
pd.to_datetime(data['Fecha'])

# Paso 3: Análisis exploratorio y cálculo
de estadísticas básicas
```

```python
ventas_por_categoria =
data.groupby('Categoria')['Cantidad'].sum()
.sort_values(ascending=False)
ventas_diarias =
data.groupby('Fecha')['Cantidad'].sum()


print("\nVentas por categoría (top 5):")
print(ventas_por_categoria.head())
print("\nResumen de ventas diarias:")
print(ventas_diarias.describe())


# Paso 4: Generación de visualizaciones


plt.figure(figsize=(12, 6))


sns.barplot(x=ventas_por_categoria.index,
y=ventas_por_categoria.values)
plt.title('Ventas por Categoría')
plt.xlabel('Categoría')
plt.ylabel('Ventas')
plt.xticks(rotation=45)
plt.tight_layout()
plt.show()


plt.figure(figsize=(12, 6))
ventas_diarias.plot()
plt.title('Ventas Diarias')
plt.xlabel('Fecha')
plt.ylabel('Cantidad Vendida')
plt.grid(True)
plt.tight_layout()
```

```
plt.show()
```

Nota: Asegúrate de tener un archivo CSV de datos de ventas con las columnas adecuadas, como 'Fecha', 'Categoria', 'Cantidad', etc., o ajusta el código según la estructura de tus datos.

Este ejercicio te permite cargar datos de ventas, realizar un análisis exploratorio básico y generar visualizaciones para comprender las tendencias de ventas por categoría y a lo largo del tiempo. Puedes ampliar este análisis agregando más gráficos, explorando la relación entre diferentes variables de ventas o aplicando técnicas de análisis más avanzadas para obtener información más detallada sobre el desempeño de la tienda en línea.

Soluciones de Ejercicios:

Ejercicios de Operadores

Ejercicio 1: Saludo Personalizado
```
# Solicitar al usuario que ingrese su nombre
nombre = input("Ingresa tu nombre: ")

# Imprimir un mensaje de saludo personalizado
print(f"Hola, {nombre}! Bienvenido.")
```

Ejercicio 2: Operaciones Básicas

```python
# Solicitar al usuario que ingrese dos números
num1 = float(input("Ingresa el primer número: "))
num2 = float(input("Ingresa el segundo número: "))

# Realizar operaciones y mostrar resultados
suma = num1 + num2
resta = num1 - num2
multiplicacion = num1 * num2

# Verificar si el segundo número es diferente
de cero antes de la división
if num2 != 0:
 division = num1 / num2
 print(f"Suma: {suma}, Resta: {resta},
Multiplicación: {multiplicacion}, División:
{division}")
else:
 print("No se puede dividir por cero.")
```

Ejercicio 3: Calculadora de IMC

```python
# Solicitar al usuario su peso y altura
peso = float(input("Ingresa tu peso en kg: "))
altura = float(input("Ingresa tu altura en
metros: "))

# Calcular el IMC (Índice de Masa Corporal)
imc = peso / (altura ** 2)
```

```python
# Mostrar el resultado del IMC
print(f"Tu IMC es: {imc:.2f}")
```

Ejercicio 4: Conversor de Temperatura

```python
# Solicitar al usuario la temperatura en
grados Celsius
celsius = float(input("Ingresa la temperatura
en grados Celsius: "))

# Convertir Celsius a Fahrenheit
fahrenheit = (celsius * 9/5) + 32

# Mostrar la temperatura en Fahrenheit
print(f"{celsius} grados Celsius son
equivalentes a {fahrenheit:.2f} grados
Fahrenheit.")
```

Ejercicio 5: Lista de Números Pares

```python
# Generar una lista de los primeros 10 números
pares
numeros_pares = [x for x in range(2, 21, 2)]

# Mostrar la lista de números pares
print("Lista de números pares:",
numeros_pares)
```

Ejercicio 6: Suma de Números

344

```python
# Solicitar al usuario que ingrese un número
entero positivo
n = int(input("Ingresa un número entero
positivo: "))

# Calcular la suma de los primeros n números
naturales

suma = (n * (n + 1)) // 2

# Mostrar el resultado


print(f"La suma de los primeros {n} números
naturales es: {suma}")
```

Ejercicio 7: Factorial de un Número

```python
# Solicitar al usuario que ingrese un número
entero positivo
num = int(input("Ingresa un número entero
positivo: "))

# Calcular el factorial del número
factorial = 1
for i in range(1, num + 1):
 factorial *= i

# Mostrar el resultado
print(f"El factorial de {num} es:
{factorial}")
```

Ejercicio 8: Números Primos

```python
# Solicitar al usuario que ingrese un número
entero positivo
numero = int(input("Ingresa un número entero
positivo: "))

# Verificar si el número es primo
es_primo = True
if numero > 1:

 for i in range(2, int(numero**0.5) + 1):
 if numero % i == 0:
 es_primo = False
 break

# Mostrar el resultado
if es_primo:

 print(f"{numero} es un número primo.")
else:
 print(f"{numero} no es un número primo.")
```

Ejercicio 9: Fibonacci

```python
# Solicitar al usuario que ingrese la cantidad
de términos de la serie Fibonacci
n = int(input("Ingresa la cantidad de términos
de la serie Fibonacci: "))

# Generar la serie Fibonacci
fibonacci = [0, 1]
for _ in range(2, n):
```

```python
fibonacci.append(fibonacci[-1] +
fibonacci[-2])

# Mostrar la serie Fibonacci

print("Serie Fibonacci:", fibonacci)
```

Ejercicio 10: Palíndromo

```python
# Solicitar al usuario que ingrese una palabra
o frase
palabra = input("Ingresa una palabra o frase:
")


# Eliminar espacios y convertir a minúsculas
para verificar palíndromo
palabra_procesada = palabra.replace(" ",
"").lower()

# Verificar si es un palíndromo
es_palindromo = palabra_procesada ==
palabra_procesada[::-1]

# Mostrar el resultado
if es_palindromo:
 print(f"{palabra} es un palíndromo.")
else:
 print(f"{palabra} no es un palíndromo.")
```

Ejercicios de Listas y Bucles

Ejercicio 1: Lista de Números
```
# Crear una lista de números del 1 al 5
numeros = [1, 2, 3, 4, 5]

# Imprimir cada número en la lista
for numero in numeros:
 print(numero)
```

Ejercicio 2: Suma de Números en una Lista

```
# Crear una lista de números
numeros = [10, 20, 30, 40, 50]

# Calcular la suma de los elementos en la
lista
suma_total = sum(numeros)

# Imprimir la suma
print(f"La suma de los números en la lista es:
{suma_total}")
```

Ejercicio 3: Lista de Palabras
```
# Crear una lista de palabras
palabras = ["Hola", "Mundo", "Python",
"Programación"]
```

```python
# Imprimir cada palabra en una línea
for palabra in palabras:
 print(palabra)
```

Ejercicio 4: Cuadrados de Números

```python
# Crear una lista de números
numeros = [2, 4, 6, 8, 10]

# Imprimir el cuadrado de cada número
for numero in numeros:
 cuadrado = numero ** 2
 print(f"El cuadrado de {numero} es:
{cuadrado}")
```

Ejercicio 5: Lista de Colores

```python
# Crear una lista de colores
colores = ["Rojo", "Verde", "Azul",
"Amarillo"]

# Imprimir la lista de colores
print(colores)
```

Ejercicio 6: Conteo de Elementos en una Lista

```python
# Crear una lista
mi_lista = [10, 20, 30, 40, 50]

# Contar el número de elementos en la lista
cantidad_elementos = len(mi_lista)
```

```python
# Imprimir el resultado

print(f"La lista tiene {cantidad_elementos}
elementos.")
```

Ejercicio 7: Doble de Números Pares
```python
# Crear una lista de números del 1 al 10
numeros = list(range(1, 11))

# Imprimir el doble de los números pares

for numero in numeros:
 if numero % 2 == 0:
 doble = numero * 2
 print(f"El doble de {numero} es: {doble}")
```

Ejercicio 8: Suma de Números Pares
```python
# Crear una lista de números del 1 al 10
numeros = list(range(1, 11))

# Calcular la suma solo de los números pares
suma_pares = sum(numero for numero in numeros
if numero % 2 == 0)

# Imprimir la suma de los números pares
print(f"La suma de los números pares es:
{suma_pares}")
```

Ejercicio 9: Lista de Números al Cuadrado

```python
# Crear una lista de números
numeros = [3, 5, 7, 9, 11]

# Generar una nueva lista con el cuadrado de
cada número

cuadrados = [numero ** 2 for numero in
numeros]

# Imprimir la lista de cuadrados
print(cuadrados)
```

Ejercicio 10: Números Impares con Bucle
```python
# Usar un bucle para imprimir todos los
números impares del 1 al 10
for numero in range(1, 11, 2):
 print(numero)
```

Ejercicio 11: Lista y uso de for
```python
# Crear una lista de nombres
nombres = ["Juan", "María", "Carlos"]

# Imprimir cada nombre en la lista usando un
bucle for
for nombre in nombres:
 print(nombre)
```

Ejercicio 12: Condicionales
```python
# Crear una variable llamada edad y asignarle
tu edad
edad = 25 # Reemplaza con tu edad
```

```python
# Verificar si la persona es mayor de edad
if edad >= 18:
 print("Eres mayor de edad.")
else:
 print("Eres menor de edad.")
```

Ejercicios de Control Avanzado

Ejercicio 1: Enumeración
```python
# Crear una lista de nombres
nombres = ["Ana", "Juan", "María", "Carlos"]

# Usar enumerate para imprimir el índice y el
nombre de cada elemento
for indice, nombre in enumerate(nombres):
 print(f"Índice: {indice}, Nombre: {nombre}")
```

Ejercicio 2: Zip

```python
nombres = ["Ana", "Juan", "María"]
edades = [25, 30, 28]

# Usar zip para combinarlas e imprimir parejas
de nombre y edad
for nombre, edad in zip(nombres, edades):
 print(f"Nombre: {nombre}, Edad: {edad}")
```

Ejercicio 3: Comprensión de Listas

```
# Crear una lista de números del 1 al 10
numeros = list(range(1, 11))

# Utilizar comprensión de listas para generar
una nueva lista con el cuadrado de cada número
cuadrados = [numero ** 2 for numero in
numeros]

# Imprimir la lista de cuadrados
print(cuadrados)
```

Ejercicio 4: Instrucción Pass

```
def mi_funcion():
 pass

# Llamar a la función
mi_funcion()
```

Ejercicio 5: Lista de Números Pares con Bucle

```
for numero in range(2, 21, 2):
 print(numero)
```

Ejercicio 6: Suma de Números con Bucle

```
# Usar un bucle for para calcular la suma de
los números del 1 al 5
suma_total = 0
for numero in range(1, 6):
 suma_total += numero

# Imprimir la suma
print(f"La suma de los números es:
{suma_total}")
```

Ejercicio 7: Bucle While

```
# Crear un bucle while que imprima los números
del 1 al 5
contador = 1
while contador <= 5:
 print(contador)
 contador += 1
```

Ejercicio 8: Bucle con Break

```
# Usar un bucle con break para imprimir los
números del 1 al 5, pero salir después de
imprimir el número 3
for numero in range(1, 6):
 print(numero)
 if numero == 3:
 break
```

Ejercicio 9: Bucle con Continue

```
# Usar un bucle con continue para imprimir los
números del 1 al 5, pero omitir la impresión
del número 3
for numero in range(1, 6):
 if numero == 3:

 continue
 print(numero)
```

Ejercicio 10: Adivina el Número
```
import random

# Generar un número aleatorio entre 1 y 10

numero_secreto = random.randint(1, 10)

while True:
 # Pedir al usuario que adivine el número
 intento = int(input("Adivina el número (entre
1 y 10
```

Ejercicios de Funcionalidad

```
# Ejercicio 1: Saludo Personalizado
def saludar(nombre):
    print("¡Hola,", nombre, "! ¿Cómo estás?")
```

Ejercicio 2: Calculadora Simple

```python
def sumar(a, b):
    return a + b

def restar(a, b):
    return a - b


def multiplicar(a, b):

    return a * b


def dividir(a, b):

    if b != 0:
        return a / b
    else:
        return "Error: No se puede dividir por
cero."
```

Ejercicio 3: Conversor de Celsius a Fahrenheit
```python
def celsius_a_fahrenheit(celsius):
    return (celsius * 9/5) + 32
```

Ejercicio 4: Longitud de una Cadena
```python
def longitud_cadena(cadena):
    return len(cadena)
```

Ejercicio 5: Lista al Cuadrado
```python
def cuadrado_lista(lista):
    return [x ** 2 for x in lista]
```

356

Ejercicio 6: Ordenar Lista

```python
def ordenar_lista(lista):
    return sorted(lista)
```

Ejercicio 7: Verificar Número Par

```python
def es_par(numero):
    return numero % 2 == 0
```

Ejercicio 8: Factorial

```python
def calcular_factorial(numero):
    if numero == 0:
        return 1
    else:
        return numero *
calcular_factorial(numero - 1)
```

Ejercicio 9: Palíndromo

```python
def es_palindromo(cadena):
    return cadena == cadena[::-1]
```

Ejercicio 10: Suma de Números en una Lista

```python
def suma_lista(lista):
    return sum(lista)
```

Ejercicio 11: Funciones

```python
def saludo(nombre):
    return "¡Hola, {}!".format(nombre)

# Llamamos a la función saludo con un nombre e
imprimimos el resultado
```

```
nombre = "Juan"
print(saludo(nombre))
```

 # Ejercicio 12: Diccionarios y Métodos de Cadena
```
info_persona = {
    "nombre": "Juan",
    "edad": 30,
    "ciudad": "Ciudad de México"
}

print("Nombre: {nombre}, Edad: {edad}, Ciudad:
{ciudad}".format(**info_persona))
```

Ejercicios de Listas y Tuplas

 # Ejercicio 1: Lista de Nombres
```
nombres = ["Juan", "María", "Pedro"]
for nombre in nombres:
    print(nombre)
```

 # Ejercicio 2: Tupla de Números
```
numeros = (1, 2, 3, 4)
for numero in numeros:
    print(numero)
```

 # Ejercicio 3: Lista de Colores
```
colores = ["rojo", "verde", "azul"]
for color in colores:
    print(color)
```

Ejercicio 4: Lista de Números Pares
```
numeros_pares = [2, 4, 6, 8, 10]
for numero in numeros_pares:
    print(numero)
```

Ejercicio 5: Tupla de Coordenadas
```
coordenadas = ((1, 2), (3, 4))
for punto in coordenadas:
    print("Coordenada X:", punto[0])
    print("Coordenada Y:", punto[1])
```

Ejercicio 6: Listas y Operaciones Básicas
```
numeros = [5, 3, 8, 1, 6]
print("Longitud de la lista:", len(numeros))
numeros.append(10)
numeros.sort()
print("Lista ordenada:", numeros)
```

Ejercicio 7: Listas y Bucles
```
frutas = ["manzana", "banana", "naranja"]
for fruta in frutas:
    print(fruta)
```

Ejercicio 8: Tuplas y Desempaquetado
```
coordenadas = (3, 5)
x, y = coordenadas
print("Coordenada X:", x)
print("Coordenada Y:", y)
```

Ejercicio 9: Operaciones con Listas y Tuplas
```
pares = [2, 4, 6]
impares = (1, 3, 5)
```

```
numeros_completos = pares + list(impares)
print("Lista completa:", numeros_completos)
```

Ejercicio 10: Manipulación de Listas
```
colores = ["rojo", "verde", "azul"]
colores[1] = "amarillo"
del colores[2]
print("Lista resultante:", colores)
```

Ejercicios de Diccionarios y Conjutos

Ejercicio 1: Diccionario de Contactos
```
agenda = {
    "Juan": "123456789",
    "María": "987654321",
    "Pedro": "555555555"
}
print("Número de teléfono de María:",
agenda["María"])
```

Ejercicio 2: Conjunto de Colores
```
colores = {"rojo", "verde", "azul"}
print("Conjunto de colores:", colores)
colores.add("amarillo")
print("Conjunto de colores después de agregar
amarillo:", colores)
```

Ejercicio 3: Diccionario de Precios
```
precios = {
    "manzana": 1.0,
    "banana": 0.5,
```

```
    "naranja": 1.2
}
print("Precio de una banana:",
precios["banana"])
```

Ejercicio 4: Conjunto de Números Pares
```
numeros_pares = {2, 4, 6, 8, 10}
print("Conjunto de números pares:",
numeros_pares)
```

Ejercicio 5: Diccionario de Estudiantes
```
estudiantes = {

    "Juan": {"edad": 25, "grado":
"Universidad"},
    "María": {"edad": 20, "grado":
"Preparatoria"},
    "Pedro": {"edad": 30, "grado":
"Secundaria"}
}
print("Información de Juan:",
estudiantes["Juan"])
```

Ejercicio 11: Diccionarios y Operaciones Básicas
```
informacion_persona = {
    "nombre": "Juan",
    "edad": 30,
    "ciudad": "Ciudad de México"
}
print("Edad de la persona:",
informacion_persona["edad"])
```

361

```
informacion_persona["profesion"] = "Ingeniero"
informacion_persona["edad"] = 35
print("Diccionario completo:",
informacion_persona)
```

Ejercicio 12: Iteración sobre Diccionarios
```
edades = {"Juan": 25, "María": 30, "Pedro":
35}
for nombre, edad in edades.items():
    print("Nombre:", nombre, "- Edad:", edad)
```

Ejercicio 13: Conjuntos y Operaciones Básicas
```
A = {1, 2, 3}
B = {3, 4, 5}
print("Unión de conjuntos A y B:", A.union(B))
print("Intersección de conjuntos A y B:",
A.intersection(B))
A.add(6)
print("Diferencia simétrica de conjuntos A y
B:", A.symmetric_difference(B))
```

Ejercicio 14: Diccionarios Anidados
```
agenda = {
    'persona1': {'nombre': 'Juan', 'telefono':
'123456789'},
    'persona2': {'nombre': 'Ana', 'telefono':
'987654321'}
}
print("Información de contacto de persona1:",
agenda['persona1'])
```

Ejercicio 15: Conjuntos y Operaciones Avanzadas
```
C = {1, 2, 3}
```

362

```
D = {3, 4, 5}
E = {5, 6, 7}
print("Diferencia entre C y la unión de D y
E:", C - (D.union(E)))
print("¿D es un subconjunto de E?",
D.issubset(E))
F = D.union(E)
print("Conjunto F ordenado:", sorted(F))
```

Ejercicios de Comprensiones y Generadores

Ejercicio 1: Cuadrados de Números
```
cuadrados = [x ** 2 for x in range(1, 6)]
print("Cuadrados de los números del 1 al 5:",
cuadrados)
```

Ejercicio 2: Números Pares en un Rango
```
numeros_pares = [x for x in range(1, 11) if x
% 2 == 0]
print("Números pares del 1 al 10:",
numeros_pares)
```

Ejercicio 3: Generador de Números Fibonacci
```
def generador_fibonacci():
    a, b = 0, 1
    for _ in range(5):
        yield a
```

```
    a, b = b, a + b

fibonacci = list(generador_fibonacci())
print("Primeros 5 números de Fibonacci:",
fibonacci)
```

Ejercicio 4: Números Pares al Cuadrado
```
cuadrados_pares = {x ** 2 for x in range(2, 9,
2)}
print("Cuadrados de los números pares del 2 al
8:", cuadrados_pares)
```

Ejercicio 5: Lista de Palabras Mayúsculas
```
palabras = ["hola", "mundo", "python"]
mayusculas = [palabra.upper() for palabra in
palabras]
print("Palabras en mayúsculas:", mayusculas)
```

Ejercicio 6: Comprensiones de Listas
```
cuadrados = [x ** 2 for x in range(1, 11)]
print("Cuadrados de los números del 1 al 10:",
cuadrados)
```

Ejercicio 7: Comprensiones de Diccionarios
```
diccionario_cuadrados = {x: x ** 2 for x in
range(1, 11)}
print("Diccionario de cuadrados:",
diccionario_cuadrados)
```

Ejercicio 8: Comprensiones de Listas con Condición

```
pares = [x for x in range(1, 21) if x % 2 ==
0]
print("Números pares del 1 al 20:", pares)
```

 # Ejercicio 9: Generadores
```
def generador_pares():
    for i in range(11):
        if i % 2 == 0:
            yield i

pares_generados = list(generador_pares())
print("Números pares del 0 al 10:",
pares_generados)
```

 # Ejercicio 10: Comprensiones de Conjuntos con Condición
```
cuadrados_impares = {x ** 2 for x in range(1,
11) if x % 2 != 0}
print("Cuadrados de los números impares del 1
al 10:", cuadrados_impares)
```

Ejercicios de Clases y Objetos

 # Ejercicio 1: Definición de Clase
```
class Persona:
    def __init__(self, nombre, edad,
ocupacion):
        self.nombre = nombre
        self.edad = edad
```

```
        self.ocupacion = ocupacion
```

Ejercicio 2: Creación de Objetos
```
personal = Persona("Juan", 30, "Ingeniero")
persona2 = Persona("María", 25, "Estudiante")

print("Atributos de personal:",
personal.nombre, personal.edad,
personal.ocupacion)
print("Atributos de persona2:",
persona2.nombre, persona2.edad,
persona2.ocupacion)
```

Ejercicio 3: Método de la Clase
```
class Persona:
    def __init__(self, nombre, edad,
ocupacion):
        self.nombre = nombre
        self.edad = edad
        self.ocupacion = ocupacion

    def saludar(self):
        print("¡Hola, soy", self.nombre, "!")
```

Ejercicio 4: Herencia
```
class Estudiante(Persona):
    def __init__(self, nombre, edad,
ocupacion, grado):
        super().__init__(nombre, edad,
ocupacion)
        self.grado = grado
```

Ejercicio 5: Métodos Especiales

```python
class Persona:
    def __init__(self, nombre, edad,
ocupacion):
        self.nombre = nombre
        self.edad = edad
        self.ocupacion = ocupacion

    def __str__(self):
        return f"Nombre: {self.nombre}, Edad:
{self.edad}, Ocupación: {self.ocupacion}"
```

Ejercicio 6: Modificación de Atributos

```python
class Persona:
    def __init__(self, nombre, edad,
ocupacion):
        self.nombre = nombre
        self.edad = edad
        self.ocupacion = ocupacion

    def modificar_edad(self, nueva_edad):
        self.edad = nueva_edad
```

Ejercicio 7: Contador de Objetos

```python
class Persona:
    contador_personas = 0

    def __init__(self, nombre, edad,
ocupacion):
        self.nombre = nombre
        self.edad = edad
```

```python
        self.ocupacion = ocupacion
        Persona.contador_personas += 1
```

Ejercicio 8: Encapsulamiento
```python
class Persona:
    def __init__(self, nombre, edad,
ocupacion):
        self._nombre = nombre
        self._edad = edad
        self._ocupacion = ocupacion

    def get_nombre(self):
        return self._nombre


  def set_nombre(self, nuevo_nombre):
        self._nombre = nuevo_nombre

    # Repetir lo mismo para los otros
atributos
```

Ejercicio 9: Uso de Propiedades
```python
class Persona:
    def __init__(self, nombre, edad,
ocupacion):
        self._nombre = nombre
        self._edad = edad
        self._ocupacion = ocupacion

    @property
    def nombre(self):

        return self._nombre
```

368

```python
    @nombre.setter
    def nombre(self, nuevo_nombre):
        self._nombre = nuevo_nombre

    # Repetir lo mismo para los otros
atributos
```

Ejercicio 10: Instancias Múltiples
```python
personas = [
    Persona("Juan", 30, "Ingeniero"),
    Persona("María", 25, "Estudiante"),
    Persona("Pedro", 40, "Doctor")
]

for persona in personas:
    print(persona.nombre, persona.edad,
persona.ocupacion)
```

Ejercicio 11: Creación de una Clase y Objetos
```python
class Persona:
    def __init__(self, nombre, edad):
        self.nombre = nombre
        self.edad = edad

persona1 = Persona("Juan", 30)
print("Nombre:", persona1.nombre)
print("Edad:", persona1.edad)
```

Ejercicio 12: Métodos en una Clase
```python
class Persona:
```

369

```
    def __init__(self, nombre, edad):
        self.nombre = nombre
        self.edad = edad

    def saludar(self):
        print("¡Hola, soy", self.nombre, "!")

persona1 = Persona("Juan", 30)
persona1.saludar()
```

Ejercicios de Herencia y Polimorfismo

```
# Ejercicio 1: Definición de Clases
class Vehiculo:
    def __init__(self, marca, modelo):
        self.marca = marca
        self.modelo = modelo


# Ejercicio 2: Herencia de Vehículos
class Automovil(Vehiculo):
    def __init__(self, marca, modelo,
puertas):
        super().__init__(marca, modelo)
        self.puertas = puertas

class Motocicleta(Vehiculo):
    def __init__(self, marca, modelo,
cilindrada):
        super().__init__(marca, modelo)
        self.cilindrada = cilindrada
```

Ejercicio 3: Métodos de Clases Derivadas

```python
class Automovil(Vehiculo):
    def __init__(self, marca, modelo,
puertas):
        super().__init__(marca, modelo)
        self.puertas = puertas

    def arrancar(self):
        print("El automóvil está arrancando.")
```

```python
class Motocicleta(Vehiculo):
    def __init__(self, marca, modelo,
cilindrada):
        super().__init__(marca, modelo)
        self.cilindrada = cilindrada


    def arrancar(self):
        print("La motocicleta está
arrancando.")
```

Ejercicio 4: Sobreescritura de Métodos

```python
class Automovil(Vehiculo):
    def __init__(self, marca, modelo,
puertas):
        super().__init__(marca, modelo)
        self.puertas = puertas

    def __str__(self):
        return f"Automóvil {self.marca}
{self.modelo}, {self.puertas} puertas"
```

```python
class Motocicleta(Vehiculo):
    def __init__(self, marca, modelo,
cilindrada):
        super().__init__(marca, modelo)
        self.cilindrada = cilindrada

    def __str__(self):
        return f"Motocicleta {self.marca}
{self.modelo}, cilindrada: {self.cilindrada}"
```

Ejercicio 5: Uso de Métodos Comunes
```python
automovil1 = Automovil("Ford", "Focus", 4)
motocicleta1 = Motocicleta("Honda", "CBR",
500)
vehiculos = [automovil1, motocicleta1]
for vehiculo in vehiculos:
    vehiculo.arrancar()
```

Ejercicio 6: Polimorfismo con Funciones
```python
def accion_vehiculo(vehiculo):
    vehiculo.arrancar()

accion_vehiculo(automovil1)
accion_vehiculo(motocicleta1)
```

Ejercicio 7: Uso de Super()
```python
class Vehiculo:
    def arrancar(self):
        print("El vehículo está arrancando.")
```

```python
class Automovil(Vehiculo):
    def arrancar(self):
        print("El automóvil está arrancando.")

        super().arrancar()

class Motocicleta(Vehiculo):
    def arrancar(self):
        print("La motocicleta está
arrancando.")
        super().arrancar()
```

Ejercicio 8: Añadiendo Atributos Específicos

```python
class Vehiculo:
    def __init__(self, marca, modelo):
        self.marca = marca
        self.modelo = modelo
        self.tipo = "Terrestre"


class Automovil(Vehiculo):


    def __init__(self, marca, modelo,
puertas):
        super().__init__(marca, modelo)
        self.puertas = puertas

class Motocicleta(Vehiculo):
    def __init__(self, marca, modelo,
cilindrada):
        super().__init__(marca, modelo)
        self.cilindrada = cilindrada
```

Ejercicio 9: Herencia Múltiple

```python
class A:
    def metodo_a(self):
        print("Método de clase A")

class B:
    def metodo_b(self):
        print("Método de clase B")


class C(A, B):
    pass

objeto_c = C()
objeto_c.metodo_a()
objeto_c.metodo_b()
```

Ejercicio 10: Polimorfismo con Listas

```python
automovil2 = Automovil("Toyota", "Corolla", 5)
vehiculos = [automovil1, motocicleta1,
automovil2]
for vehiculo in vehiculos:
    print(vehiculo)
```

Ejercicio 11: Herencia y Métodos Especiales

```python
class Persona:
    def __init__(self, nombre):
        self.nombre = nombre

    def saludar(self):
        print("Hola, soy", self.nombre)
```

```python
class Estudiante(Persona):

    def __init__(self, nombre, materia):
        super().__init__(nombre)
        self.materia = materia

    def saludar(self):
        super().saludar()
        print("Estoy estudiando",
self.materia)

estudiante1
```

Ejercicios de Errores y Excepciones:

Ejercicio 1: Manejo de Errores Básico

```python
try:
    num1 = float(input("Ingrese el primer
número: "))
    num2 = float(input("Ingrese el segundo
número: "))
    resultado = num1 / num2
    print("El resultado de la división es:",
resultado)


except ValueError:
    print("Error: Debe ingresar números
válidos.")
except ZeroDivisionError:
    print("Error: No se puede dividir por
cero.")
```

Ejercicio 2: Excepción Personalizada

```python
class MiError(Exception):
    def __init__(self, mensaje):
        self.mensaje = mensaje

try:
    raise MiError("Ocurrió un error personalizado")
except MiError as e:
    print("Error:", e.mensaje)
```

Ejercicio 3: División por Cero

```python
try:
    num1 = float(input("Ingrese el primer número: "))
    num2 = float(input("Ingrese el segundo número: "))
    if num2 == 0:


        raise ZeroDivisionError("Error: No se puede dividir por cero.")
    resultado = num1 / num2
    print("El resultado de la división es:", resultado)
except ValueError:
    print("Error: Debe ingresar números válidos.")
```

Ejercicio 4: Archivo Inexistente

```python
try:
```

```
    with open("archivo_inexistente.txt", "r")
as archivo:
        contenido = archivo.read()
        print(contenido)
except FileNotFoundError:
    print("Error: El archivo no existe.")
```

Ejercicio 5: Validación de Entrada
```
while True:
    try:
        numero = float(input("Ingrese un
número: "))
        break
    except ValueError:
        print("Error: Debe ingresar un número
válido.")
```

Ejercicio 6: Manejo de Errores Básico (Función)
```
def dividir(a, b):
    try:
        resultado = a / b
        print("El resultado de la división
es:", resultado)
    except ZeroDivisionError:
        print("Error: No se puede dividir por
cero.")

dividir(10, 0)
```

Ejercicio 7: Instrucciones try, except, else y finally
```
try:
```

```python
    numero = int(input("Ingrese un número: "))
except ValueError:
    print("Error: Debe ingresar un número
válido.")
else:


    print("El número ingresado multiplicado
por 2 es:", numero * 2)
finally:
    print("Operación completada.")
```

Ejercicio 8: Personalizando Excepciones
```python
class NumeroNegativoError(Exception):
    pass

def calcular_raiz_cuadrada(numero):
    if numero < 0:


        raise NumeroNegativoError("Error: No
se puede calcular la raíz cuadrada de un
número negativo.")
    return numero ** 0.5

try:
    calcular_raiz_cuadrada(-9)
except NumeroNegativoError as e:
    print("Error:", e)
```

Ejercicio 9: Encadenamiento de Excepciones
```python
def dividir_seguro(a, b):
```

```
    try:
        resultado = a / b
        print("El resultado de la división
es:", resultado)
    except ZeroDivisionError:
        print("Error: No se puede dividir por
cero.")
    except Exception as e:
        print("Error:", e)

dividir_seguro(10, 0)
```

Ejercicio 10: Lectura de Archivo con Manejo de Errores

```
try:
    with open("archivo.txt", "r") as archivo:
        contenido = archivo.read()
        print(contenido)
except FileNotFoundError:
    print("Error: El archivo no existe.")
except Exception as e:
    print("Error:", e)
```

Ejercicios de Trabajos de Archivo

Ejercicio 1: Crear un Archivo

```
with open("mi_archivo.txt", "w") as archivo:
    archivo.write("Este es un archivo de
texto.\n")
    archivo.write("Contiene algunas
líneas.\n")
```

```
archivo.write("¡Hola desde Python!\n")
```

Ejercicio 2: Leer un Archivo
```
with open("mi_archivo.txt", "r") as archivo:
    contenido = archivo.read()
    print(contenido)
```

Ejercicio 3: Agregar Contenido
```
with open("mi_archivo.txt", "a") as archivo:
    archivo.write("Esta es una línea agregada
al archivo.\n")
    archivo.write("Otra línea más.\n")
```

Ejercicio 4: Copiar Contenido
```
with open("mi_archivo.txt", "r") as
archivo_origen:
    contenido = archivo_origen.read()

with open("copia_mi_archivo.txt", "w") as
archivo_destino:
    archivo_destino.write(contenido)
```

Ejercicio 5: Contar Palabras
```
with open("mi_archivo.txt", "r") as archivo:
    contenido = archivo.read()
    palabras = contenido.split()
    cantidad_palabras = len(palabras)
    print("El archivo contiene",
cantidad_palabras, "palabras.")
```

Ejercicio 6: Buscar y Reemplazar

```python
with open("mi_archivo.txt", "r") as archivo:
    contenido = archivo.read()
    contenido_modificado =
contenido.replace("archivo", "documento")

with open("mi_archivo.txt", "w") as archivo:
    archivo.write(contenido_modificado)
```

Ejercicio 7: Ordenar Líneas

```python
with open("mi_archivo.txt", "r") as archivo:
    lineas = archivo.readlines()
    lineas.sort()

with open("mi_archivo_ordenado.txt", "w") as
archivo_ordenado:
    for linea in lineas:
        archivo_ordenado.write(linea)
```

Ejercicio 8: Eliminar Línea Específica

```python
with open("mi_archivo.txt", "r") as archivo:
    lineas = archivo.readlines()


linea_a_eliminar = "Otra línea más.\n"
lineas = [linea for linea in lineas if
linea.strip() != linea_a_eliminar.strip()]


with open("mi_archivo.txt", "w") as archivo:
    for linea in lineas:
        archivo.write(linea)
```

 # Ejercicio 9: Crear CSV

```python
import csv

datos = [
    ["Nombre", "Edad", "País"],
    ["Juan", 30, "España"],
    ["María", 25, "México"],
    ["Carlos", 35, "Argentina"]
]


with open("mi_csv.csv", "w", newline="") as
archivo_csv:
    escritor = csv.writer(archivo_csv)


    escritor.writerows(datos)
```

 # Ejercicio 10: Leer CSV

```python
with open("mi_csv.csv", "r") as archivo_csv:
    lector = csv.reader(archivo_csv)
    for fila in lector:
        print(fila)
```

Ejercicios de Modulos Escenciales

```python
import math
import random
import datetime
import os
import shutil
```

```python
import json
import sys
import os.path
import calendar
from collections import import Counter
```

 # Ejercicio 1: Trabajo con la Librería math
```python
angulo = 45
seno = math.sin(math.radians(angulo))
coseno = math.cos(math.radians(angulo))
tangente = math.tan(math.radians(angulo))
print("Seno:", seno)
print("Coseno:", coseno)
print("Tangente:", tangente)
```

 # Ejercicio 2: Números Aleatorios con random
```python
numero_aleatorio = random.randint(1, 10)
print("Número aleatorio:", numero_aleatorio)
```

 # Ejercicio 3: Trabajo con Fechas y Horas (datetime)
```python
fecha_actual = datetime.datetime.now()
print("Fecha y hora actual:", fecha_actual)
```

 # Ejercicio 4: Manipulación de Archivos (os y shutil)
```python
directorio = "mi_directorio"
if not os.path.exists(directorio):
    os.makedirs(directorio)


with open(os.path.join(directorio,
"mi_archivo.txt"), "w") as archivo:
```

```
    archivo.write("Este es un archivo de
prueba.")

shutil.copy(os.path.join(directorio,
"mi_archivo.txt"), "otro_directorio")
```

Ejercicio 5: Uso de JSON (json)
```
informacion = {"nombre": "Juan", "edad": 30,
"pais": "España"}
json_data = json.dumps(informacion)
print("Datos en formato JSON:", json_data)
```

Ejercicio 6: Uso de sys para Argumentos de la Línea de Comandos
```
if len(sys.argv) > 1:
    print("Argumentos de la línea de
comandos:", sys.argv[1:])
else:
    print("No se proporcionaron argumentos.")
```

Ejercicio 7: Trabajo con Rutas de Archivos (os.path)
```
directorio_actual = os.getcwd()
print("Directorio actual:", directorio_actual)

ruta_archivo = os.path.join(directorio_actual,
"mi_archivo.txt")
print("Ruta del archivo:", ruta_archivo)
```

Ejercicio 8: Uso de calendar para Mostrar un Calendario
```
calendario_mes = calendar.month(2024, 2)
print("Calendario de febrero de 2024:")
```

```python
print(calendario_mes)
```

Ejercicio 9: Manipulación de Listas (collections)
```python
lista = [1, 2, 3, 4, 1, 2, 3, 1, 2, 1]
frecuencia_elementos = Counter(lista)
print("Frecuencia de elementos:",
frecuencia_elementos)
```

Ejercicio 10: Trabajo con Excepciones (try, except)
```python
try:
    resultado = 10 / 0
except ZeroDivisionError:
    print("Error: División por cero.")
```

Ejercicios de Uso de Bibliotecas

```python
import math
import random
import re
import datetime
import collections
import requests
import os
import shutil
import base64
import matplotlib.pyplot as plt
import json
```

Ejercicio 1: Operaciones Matemáticas con math
```python
raiz_cuadrada = math.sqrt(144)
```

```
valor_absoluto = abs(-7)
seno_45_grados = math.sin(math.radians(45))
print("Raíz cuadrada de 144:", raiz_cuadrada)
print("Valor absoluto de -7:", valor_absoluto)
print("Seno de 45 grados:", seno_45_grados)
```

 # Ejercicio 2: Números Aleatorios con random
```
numero_aleatorio = random.randint(1, 100)
lanzamiento_dado = random.randint(1, 6)
print("Número aleatorio entre 1 y 100:",
numero_aleatorio)

print("Lanzamiento de dado:",
lanzamiento_dado)
```

 # Ejercicio 3: Validación de Contraseña con re
```
def validar_contrasena(contrasena):
    patron =
re.compile(r'^(?=.*[a-z])(?=.*[A-Z])(?=.*\d).{
8,}$')
    if patron.match(contrasena):
        return True
    else:
        return False

contrasena = input("Ingrese una contraseña: ")


if validar_contrasena(contrasena):
    print("La contraseña es válida.")
else:
    print("La contraseña no cumple con los
criterios.")
```

Ejercicio 4: Conversión de Unidades con datetime

```
fecha_actual = datetime.datetime.now()
fecha_legible =
fecha_actual.strftime("%d/%m/%Y %H:%M:%S")
print("Fecha y hora actual:", fecha_legible)
```

Ejercicio 5: Manipulación de Listas con collections

```
lista = [1, 2, 3, 1, 2, 3, 1, 2, 1, 2, 2]
frecuencia_elementos =
collections.Counter(lista)
elemento_mas_comun =
frecuencia_elementos.most_common(1)[0][0]
print("Frecuencia de elementos:",
frecuencia_elementos)
print("Elemento más común:",
elemento_mas_comun)
```

Ejercicio 6: Solicitud de API con requests

```
response =
requests.get('https://jsonplaceholder.typicode
.com/posts/1')
if response.status_code == 200:
    primer_post = response.json()
    print("Título del primer post:",
primer_post['title'])
else:
    print("No se pudo obtener el título del
primer post.")
```

Ejercicio 7: Creación de un Archivo con os y shutil

```
directorio = "datos"
if not os.path.exists(directorio):
    os.makedirs(directorio)
```

```python
with open(os.path.join(directorio,
"mi_archivo.txt"), "w") as archivo:
    archivo.write("Este es un archivo de
prueba.")
```

 # Ejercicio 8: Extracción de Correos Electrónicos con re
```python
texto = "Hola, mi correo es ejemplo@gmail.com
y el tuyo es correo@hotmail.com."
correos =
re.findall(r'\b[A-Za-z0-9._%+-]+@[A-Za-z0-9.-]
+\.[A-Z|a-z]{2,}\b', texto)
print("Correos encontrados:", correos)
```

 # Ejercicio 9: Cálculo de Factorial con math
```python
numero = int(input("Ingrese un número para
calcular su factorial: "))
factorial = math.factorial(numero)
print("Factorial de", numero, "es:",
factorial)
```

 # Ejercicio 10: Creación de un Gráfico Simple con matplotlib
```python
x = range(0, 360, 10)
y = [math.sin(math.radians(i)) for i in x]
plt.plot(x, y)
plt.xlabel('Grados')
plt.ylabel('Seno')
plt.title('Gráfico de la función Seno')
plt.show()
```

 # Ejercicio 11: Codificación y Decodificación de Texto con base64
```python
mensaje = input("Ingrese un mensaje de texto:
")
```

```python
mensaje_codificado =
base64.b64encode(mensaje.encode()).decode()
print("Mensaje codificado:",
mensaje_codificado)
mensaje_decodificado =
base64.b64decode(mensaje_codificado).decode()
print("Mensaje decodificado:",
mensaje_decodificado)
```

Ejercicio 12: Manipulación de Fechas con datetime
```python
fecha_actual = datetime.datetime.now()
print("Día de la semana:",
fecha_actual.strftime("%A"))
nueva_fecha = fecha_actual +
datetime.timedelta(days=7)
print("Nueva fecha:", nueva_fecha)
```

Ejercicio 13: Creación de un Diccionario con json
```python
nombre = input("Ingrese su nombre: ")
edad = input("Ingrese su edad: ")
ciudad = input("Ingrese su ciudad: ")


informacion_persona = {
    "nombre": nombre,
    "edad": edad,
    "ciudad": ciudad
}

json_data = json.dumps(informacion_persona)
print("Datos en formato JSON:", json_data)
```

Ejercicio 14: Manipulación de Archivos con os

```python
nombre_archivo = "datos.txt"
if os.path.exists(nombre_archivo):
    with open(nombre_archivo, "r") as archivo:
        contenido = archivo.read()
    print("Contenido del archivo:", contenido)
else:
    with open(nombre_archivo, "w") as archivo:
        archivo.write("Este es un archivo de
prueba.")
```

Ejercicio 15

```python
# Ejercicio 15: Uso de la Biblioteca random
para Barajar una Baraja
baraja = [('As', 'Corazones'), ('2',
'Corazones'), ('3', 'Corazones'), ('4',
'Corazones'), ('5', 'Corazones')]
random.shuffle(baraja)
print("Baraja barajada:", baraja)
```

Ejercicios de Regex

```python
import re
```

Ejercicio 1. Coincidencia Simple
```python
cadena1 = "Este es un ejemplo de cadena que
contiene Python."
if re.search(r'Python', cadena1):
    print("La cadena contiene la palabra
'Python'.")
else:
```

```
    print("La cadena no contiene la palabra
'Python'.")
```

Ejercicio 2. Validación de Correo Electrónico
```
correo_electronico = "usuario@example.com"
if
re.match(r'^[a-zA-Z0-9._%+-]+@[a-zA-Z0-9.-]+\.
[a-zA-Z]{2,}$', correo_electronico):
    print("La dirección de correo electrónico
es válida.")
else:
    print("La dirección de correo electrónico
no es válida.")
```

Ejercicio 3. Extracción de Números de Teléfono
```
cadena2 = "Los números de teléfono son:
123-456-7890, (987) 654-3210, y 555 123 4567."


numeros_telefono =
re.findall(r'\b\d{3}[-.\s]?\d{3}[-.\s]?\d{4}\b
', cadena2)
print("Números de teléfono encontrados:",
numeros_telefono)
```

Ejercicio 4. Validación de Nombres de Usuario
```
nombre_usuario = "usuario_123"
if re.match(r'^[a-z0-9_]+$', nombre_usuario):
    print("El nombre de usuario es válido.")
else:
    print("El nombre de usuario no es
válido.")
```

Ejercicio 5. Extracción de Fechas

```
cadena3 = "Las fechas son: 01-01-2022,
2022/02/01, y 03/03/22."


fechas =
re.findall(r'\b\d{2}-\d{2}-\d{4}\b|\b\d{4}/\d{
2}/\d{2}\b|\b\d{2}/\d{2}/\d{2}\b', cadena3)
print("Fechas encontradas:", fechas)
```

Ejercicio 6. Búsqueda de Palabras en un Texto

```
cadena4 = "Este es un texto de ejemplo que
contiene la palabra ejemplo varias veces."
palabra_buscar = "ejemplo"
repeticiones = len(re.findall(r'\b' +
palabra_buscar + r'\b', cadena4))
print("La palabra '{}' aparece {} veces en el
texto.".format(palabra_buscar, repeticiones))
```

Ejercicio 7. Validación de Direcciones IP

```
ip = "192.168.1.1"
if
re.match(r'^(25[0-5]|2[0-4][0-9]|[01]?[0-9][0-
9]?)\.(25[0-5]|2[0-4][0-9]|[01]?[0-9][0-9]?)\.
(25[0-5]|2[0-4][0-9]|[01]?[0-9][0-9]?)\.(25[0-
5]|2[0-4][0-9]|[01]?[0-9][0-9]?)$', ip):
    print("La dirección IP es válida.")
else:
    print("La dirección IP no es válida.")
```

Ejercicio 8. Extracción de Etiquetas HTML

```
cadena5 =
"<html><head><title>Título</title></head><body
><h1>Encabezado</h1><p>Párrafo</p></body></htm
l>"
etiquetas = re.findall(r'<[^>]+>', cadena5)
print("Etiquetas HTML encontradas:",
etiquetas)
```

Ejercicio 9. Eliminación de Espacios en Blanco

```
cadena6 = "   Esto   es   una   cadena   con
espacios   en   blanco.   "
cadena_sin_espacios = re.sub(r'\s+', ' ',
cadena6.strip())
print("Cadena sin espacios en blanco:",
cadena_sin_espacios)
```

Ejercicio 10. Validación de Códigos Postales

```
codigo_postal = "12345"
if re.match(r'^\d{5}$', codigo_postal):
    print("El código postal es válido.")
else:
    print("El código postal no es válido.")
```

Ejercicios de Asincronia

Uso de Async/Await:

```
import asyncio
```

```python
async def operacion_demorada():
 print("Iniciando operación demorada...")
 await asyncio.sleep(3) # Simulación de una
operación que tarda 3 segundos
 print("Operación demorada completada.")

async def main():
 await operacion_demorada()

await main()
```

Multiprocessing:

```python
import multiprocessing


def funcion():
 print("Ejecutando función en un proceso
separado.")

if __name__ == '__main__':
 proceso =
multiprocessing.Process(target=funcion)
 proceso.start()
 proceso.join()
```

Hilos con Threading:

```python
import threading

def funcion():
 print("Ejecutando función en un hilo.")
```

```
hilo = threading.Thread(target=funcion)
hilo.start()
```

Pool de Procesos:

```
from concurrent.futures import
ProcessPoolExecutor

def funcion(numero):
 return numero * 2


if __name__ == '__main__':
 with ProcessPoolExecutor() as executor:
 resultados = executor.map(funcion, range(5))
 for resultado in resultados:
 print(resultado)
```

Uso de asyncio.gather:

```
import asyncio

async def funcion(numero):
 await asyncio.sleep(1)
 return numero * 2

async def main():
```

```
 resultados = await
asyncio.gather(*[funcion(numero) for numero in
range(5)])
 print(resultados)

await main()
```

Colas de Tareas con asyncio.Queue:

```
import asyncio

async def tarea(queue):
 while True:
 item = await queue.get()
 if item is None:
 break
 print(f"Procesando {item}")


async def main():
 queue = asyncio.Queue()
 tareas = [asyncio.create_task(tarea(queue))
for _ in range(3)]


 for item in range(10):


 await queue.put(item)
 await queue.join()
 for _ in range(len(tareas)):
 await queue.put(None)
 await asyncio.gather(*tareas)

await main()
```

Control de Concurrencia con Semáforos:

```
import asyncio

async def correr_tarea(sem):
 async with sem:
 print("Ejecutando tarea")
 await asyncio.sleep(1)

async def main():
 sem = asyncio.Semaphore(5)
 await asyncio.gather(*(correr_tarea(sem) for
_ in range(10)))

await main()
```

Uso de asyncio.Lock:

```
import asyncio

async def correr_tarea(lock):
 async with lock:
 print("Entrando a la sección crítica.")
 await asyncio.sleep(1)
 print("Saliendo de la sección crítica.")

async def main():
 lock = asyncio.Lock()
 await asyncio.gather(*(correr_tarea(lock) for
_ in range(5)))

await main()
```

Manejo de Excepciones en Asincronía:

```python
import asyncio

async def lanzar_excepcion():
 raise Exception("¡Error!")


async def main():
 try:
 await asyncio.gather(lanzar_excepcion(),
lanzar_excepcion())
 except Exception as e:
 print(f"Se produjo una excepción: {e}")

await main()
```

Uso de asyncio.sleep:

```python
import asyncio

async def operacion_demorada():
 print("Iniciando operación demorada...")
 await asyncio.sleep(3) # Simulación de una
operación que tarda 3 segundos


 print("Operación demorada completada.")

async def main():


 await operacion_demorada()

await main()
```

Ejercicios de Diseño Web

HTML Básico:

```html
<!DOCTYPE html>
<html lang="es">
<head>
 <meta charset="UTF-8">
 <meta name="viewport"
content="width=device-width,
initial-scale=1.0">
 <title>Mi Página Web</title>


</head>
<body>
 <header>
 <h1>¡Bienvenido a mi página web!</h1>
 </header>


 <main>
 <p>Este es el cuerpo de mi página.</p>
 </main>
 <footer>
 <p>Pie de página - Todos los derechos
reservados</p>
 </footer>
</body>
</html>
```

Listas y Enlaces en HTML:

```html
<main>
 <h2>Mis enlaces favoritos</h2>
 <ul>

 <li><a
href="https://www.google.com">Google</a></li>
 <li><a
href="https://www.youtube.com">YouTube</a></li
>
 <li><a
href="https://www.github.com">GitHub</a></li>
 </ul>
</main>
```

CSS Simple:

```css
 <style>
 body {


 background-color: lightblue;
 color: navy;
 font-family: Arial, sans-serif;
 }
 </style>
</head>
```

Creación de Formulario HTML:

```html
<main>
 <h2>Formulario de Contacto</h2>
```

400

```
<form action="#" method="post">
<label for="nombre">Nombre:</label><br>
<input type="text" id="nombre"
name="nombre"><br>
<label for="email">Email:</label><br>
<input type="email" id="email"
name="email"><br>
<label for="mensaje">Mensaje:</label><br>
<textarea id="mensaje" name="mensaje"
rows="4" cols="50"></textarea><br>

<input type="submit" value="Enviar">
</form>
</main>
```

Estilo de Formulario con CSS:

```
<head>
<style>
form {
background-color: #f2f2f2;
padding: 20px;
border-radius: 10px;
width: 50%;
margin: auto;
}
input[type=text], input[type=email], textarea
{
width: 100%;
padding: 12px 20px;
margin: 8px 0;


box-sizing: border-box;
border: 2px solid #ccc;
```

```
border-radius: 4px;
}
input[type=submit] {


background-color: #4CAF50;
color: white;
padding: 14px 20px;

margin: 8px 0;
border: none;
border-radius: 4px;
cursor: pointer;
width: 100%;
}
input[type=submit]:hover {
background-color: #45a049;
}
</style>
</head>
```

Introducción a JavaScript:

```
<script>


function mostrarMensaje() {
alert("¡Hola! Gracias por visitar mi
página.");

}
</script>
```

```html
<button onclick="mostrarMensaje()">Presiona
aquí</button>
```

Uso de Bootstrap:

```html
<head>
 <link rel="stylesheet"
href="https://maxcdn.bootstrapcdn.com/bootstra
p/4.5.2/css/bootstrap.min.css">
</head>
<body>
 <div class="container">
 <button class="btn btn-primary">Botón
Bootstrap</button>
 <div class="alert alert-success"
role="alert">
 ¡Éxito! Este es un mensaje de alerta de
Bootstrap.
 </div>


 </div>
</body>
```

Creación de una Página con Múltiples Secciones:

```html
<body>
 <header>
 <h1>Presentación</h1>
 </header>
 <section>
 <h2>Proyectos</h2>
 </section>
```

```
<footer>
<h3>Contacto</h3>
</footer>
</body>
```

Diseño Responsivo con Media Queries:

```
<head>
 <style>
 @media only screen and (max-width: 600px) {
 body {
 background-color: lightblue;
 }


 }
 </style>
</head>
```

Integración de Imágenes y Videos:

```
<main>
 <h2>Imágenes y Videos</h2>
 <img src="imagen.jpg" alt="Mi Imagen">
 <video width="320" height="240" controls>


 <source src="video.mp4" type="video/mp4">
 Your browser does not support the video tag.
 </video>
</main>
```

Ejercicios de SQLite
404

Crear una Tabla:

```
CREATE TABLE Clientes (
 id INT PRIMARY KEY AUTO_INCREMENT,
 nombre VARCHAR(50),
 correo VARCHAR(50)
);
```

Insertar Datos:

```
INSERT INTO Clientes (nombre, correo) VALUES
('Juan', 'juan@example.com'),
('María', 'maria@example.com'),
('Pedro', 'pedro@example.com');
```

Consulta Simple:

```
SELECT * FROM Clientes;
```

Filtro con WHERE:

```
SELECT * FROM Clientes WHERE nombre = 'Juan';
```

Actualización de Datos:

```
UPDATE Clientes SET correo =
'nuevo_correo@example.com' WHERE nombre =
'Juan';
```

Eliminar Registros:

```
DELETE FROM Clientes WHERE nombre = 'Pedro';
```

Consulta con Ordenamiento:

```
SELECT * FROM Clientes ORDER BY nombre;
```

Consulta con Agrupamiento:

```
SELECT ciudad, COUNT(*) AS cantidad_clientes
FROM Clientes GROUP BY ciudad;
```

Joins Simples:

```
CREATE TABLE Pedidos (
 id INT PRIMARY KEY AUTO_INCREMENT,
 cliente_id INT,
 producto VARCHAR(50),
 cantidad INT
);

INSERT INTO Pedidos (cliente_id, producto,
cantidad) VALUES
(1, 'Producto A', 3),
(2, 'Producto B', 2),
(1, 'Producto C', 1);

SELECT Clientes.nombre, Pedidos.producto,
Pedidos.cantidad
FROM Clientes
JOIN Pedidos ON Clientes.id =
Pedidos.cliente_id;
```

Consulta con Funciones Agregadas:

```
SELECT AVG(edad) AS promedio_edad FROM
Clientes;
```

CONCLUSIÓN:

La conclusión del libro "Python Simplificado" resalta su enfoque innovador y eficiente en el aprendizaje de Python. Este libro se ha diseñado con el propósito de ofrecer a los lectores una alternativa de aprendizaje práctica y efectiva, centrada en la resolución de ejercicios.

A lo largo de sus páginas, "Python Simplificado" ha demostrado cómo el aprendizaje de Python puede ser accesible para todos, independientemente de su nivel de experiencia previa en programación. Al presentar conceptos de manera simplificada y ofrecer una gran cantidad de ejercicios prácticos, este libro ha permitido a los lectores adquirir habilidades de programación de manera progresiva y efectiva.

El enfoque basado en la práctica ha sido fundamental para el éxito de este libro. A través de la resolución de ejercicios, los lectores han podido aplicar los conceptos aprendidos en situaciones reales, lo que les ha permitido consolidar su comprensión y mejorar sus habilidades de resolución de problemas.

En resumen, "Python Simplificado" se ha convertido en una herramienta invaluable para aquellos que desean aprender

Python de manera rápida y efectiva. Su enfoque práctico y accesible lo hace ideal tanto para principiantes como para aquellos que desean consolidar y ampliar sus conocimientos en este popular lenguaje de programación.

www.ingramcontent.com/pod-product-compliance
Lightning Source LLC
LaVergne TN
LVHW051421050326
832903LV00030BC/2928